I0146824

Misioneros Santos de los Últimos Días en el Terremoto de Guatemala de 1976

Por

Larry Richman

CENTURY PUBLISHING

SALT LAKE CITY, UTAH

FEBRERO 2026

Misioneros Santos de los Últimos Días en el Terremoto de Guatemala de 1976

Spanish translation by Larry Richman of the book *Latter-day Saint Missionaries in the 1976 Guatemala Earthquake*

Febrero 2026

Edición impresa, ISBN 978-0-941846-40-0

© 2026 por Century Publishing, LLC

Todos los derechos reservados. Ninguna parte de este libro puede reproducirse en ninguna forma ni por ningún medio sin permiso por escrito del editor, Century Publishing, LLC, 7533 S Center View CT Ste R, West Jordan, UT 84084

centurypubl.com

info@centurypubl.com

Impreso en los Estados Unidos de América.

Tabla de Contenido

Tabla de Contenido..1

Introducción..2

El Terremoto 3

    Misioneros en Comalapa..4

    Miembros en Comalapa 9

    Reuniendo y Organizando Nuestras Fuerzas.........................12

    Saliendo de Comalapa 13

    Capilla de Patzicía 14

    Misioneros en Patzicía 22

        Pareja Mayor de Misioneros Agrícolas.........................22

        Los Élders en la Clase de Idioma....................................25

        Maestros del Idioma 31

    Misioneros en Sumpango..32

    Misioneros en Patzún...33

    22 Miembros Muertos—15 en Patzicía...............................34

    Continuando hacia Patzún...40

    Regreso a Patzicía 42

    Regreso a Comalapa..45

    Preocupación de Mis Padres...47

    El Alivio Llegó Rápidamente...51

Campamento de Trabajo Patzicía...54

    La Conclusión del Campamento Patzicía...........................122

Pablo Choc..130

Daniel Choc..143

Introducción

Edición Especial del 50 Aniversario

Este libro conmemora el 50 aniversario del terremoto de 1976 relatando las experiencias de algunos de los misioneros de La Iglesia de Jesucristo de los Santos de los Últimos Días que servían en Guatemala en ese momento.

También incluye un homenaje especial a Pablo Choc, presidente de rama de Patzicía, y a su hijo Daniel Choc, quien fue el primer misionero de Patzicía y el primer misionero cakchiquel de la Iglesia.

A las 3:03:33 a. m. del 4 de febrero de 1976, un terremoto sacudió Guatemala. Entre 23.000 y 25.000 personas murieron, 80.000 resultaron heridas, 250.000 hogares fueron destruidos y casi 1,5 millones de habitantes quedaron sin hogar.

Lea un resumen de la devastación causada por el terremoto de Guatemala de 1976 en LarryRichman.org/summary-guatemala-earthquake-1976.

Las versiones digitales más grandes de las fotos de este libro se pueden encontrar en línea en LarryRichman.org/misioneros-terremoto-guatemala. Se pueden encontrar más detalles sobre los misioneros mencionados en este libro en la siguiente página en línea: LarryRichman.org/mission.

Este trabajo no es una publicación de La Iglesia de Jesucristo de los Santos de los Últimos Días. Las opiniones expresadas en este documento son la responsabilidad del autor y no representan necesariamente la posición de la Iglesia.

El Terremoto

Carro aplastado por el peso de las paredes de adobe.

Foto de Patzún, Guatemala, antes del terremoto de 1976

MISIONEROS EN COMALAPA

El élder Larry Richman.

Yo era un misionero sirviendo en el pueblo guatemalteco de Comalapa. Mi compañero de misión, el élder Gary Larson, se había unido a varios otros misioneros en el pueblo cercano de Patzicía para aprender el idioma cakchiquel que hablaban las personas en esta área. Yo me quedé en Comalapa para hacer obra misional con Eber Caranza, un miembro de la Iglesia de 19 años del pueblo cercano de Patzún. El martes por la noche, después de un día completo de obra misional, nos acostamos esperando un buen descanso nocturno.

A las 3:03:33 a. m. del miércoles 4 de febrero de 1976, la madre tierra se estremeció con un terremoto de 45 segundos de magnitud 7,6 en la escala de Richter (90 veces más fuerte que el terremoto que azotó Managua, Nicaragua, en 1972). La pared junto a mi cama cedió y unos 90 kilos de adobe la cubrieron, despertándome de mi profundo sueño.

Dentro de nuestro apartamento en Comalapa después del terremoto. La cama de Eber está a la izquierda. Mi cama está a la derecha. (La manta roja a los pies de mi cama apenas se ve. El techo se derrumbó después de que salimos de la habitación).

Al principio, pensé que era un sueño. No podía creer que estuviera atrapada en la cama, sin poder mover los brazos ni las piernas. La tierra seguía con sus horribles convulsiones y más tierra empezó a llenarme la cara. Esto me hizo comprender rápidamente que no era un sueño y que, si quería sobrevivir, ¡tenía que salir rápido! Pronto liberé una mano y con ella aparté la tierra que me cubría la cara. Levanté la mano, agitándola frenéticamente y gritando pidiendo ayuda.

Eber gritó desde el otro lado de la habitación. Empujé y finalmente me liberé de las mantas que me sujetaban y me deslicé por el lado de la cama que no estaba cubierto de adobe. Miré en su dirección y pude verlo débilmente con la luz de la luna brillando a través del agujero que había dejado la pared derrumbada al otro lado de la habitación. Nos encontramos y, de la mano, corrimos hacia la salida, saltando sobre su cama y saliendo por el agujero en la pared.

Vista desde el patio interior. La pared rosa a la derecha es la pared exterior de nuestra habitación. En el extremo derecho hay puertas blancas que estaban atascadas, así que nos arrastramos por el agujero en la pared junto a las puertas para escapar al patio interior. La habitación verde a la izquierda es la cocina del vecino; su pared se derrumbó sobre nuestro patio.

Una vez fuera de nuestra habitación, corrimos por el pasillo cubierto (a la derecha en la foto) y luego bajamos las escaleras hacia el jardín. La tierra empezó a temblar de nuevo y nos hizo caer varias veces antes de llegar al jardín. Detrás de nosotros, oímos cómo las paredes cedían y el techo se derrumbaba.

Corrimos hacia el árbol más grande del patio y nos agarramos con fuerza a su tronco. Cuando la tierra dejó de temblar, reinó un silencio sepulcral. Negamos con la cabeza, aturdidos, y todavía preguntándonos si estábamos soñando o si esto podría ser realidad. Entonces, en el silencio, oímos un estruendo lejano que se hacía cada vez más fuerte, como si un tren de carga se dirigiera hacia nosotros. Lo que se acercaba era mucho más destructivo que un tren de carga. La tierra empezó a temblar de nuevo con violencia y el estruendo se convirtió en un rugido casi ensordecedor. Lo que quedaba en pie tras la primera sacudida de la tierra se derrumbaba. El temblor cesó, el rugido se acalló, y luego el estruendo se acalló.

Allí estábamos, en el jardín, en pijama, descalzos sobre la hierba mojada, temblando de frío y de miedo. Altos muros de adobe rodeaban el jardín, y la casa derrumbada nos impedía el paso a la calle. No podíamos salir del jardín, ni nos atrevíamos. Había un profundo barranco a solo una cuadra de nuestra casa y, con cada temblor, oíamos cómo el acantilado se derrumbaba. Véase el mapa.

Vecinos de todas partes comenzaron a llorar a sus esposos, esposas, hijos y padres muertos. Y durante la siguiente hora, entre los gemidos, pudimos escuchar el escalofriante sonido de alguien cortando un gran poste de madera que sujetaba a su ser querido.

Cuando finalmente amaneció lo suficiente para ver (alrededor de las 5:30 a. m.), nos acercamos con cuidado a la casa para buscar pantalones y zapatos y encontrar la salida a la calle.

Larry Richman, aproximadamente 3 horas después del terremoto, de pie frente a la habitación de Walter Matzer (nuestro propietario), dos puertas más allá de nuestra habitación.

Eber frente a nuestra habitación en Comalapa recreando cómo rápidamente agarramos la ropa y salimos a la calle. Tomé la foto de pie en la calle mientras mi compañero, Eber Caranza, está de pie frente a nuestra habitación. El calendario colgado en la pared rosa estaba en la cabecera de mi cama.

MIEMBROS EN COMALAPA

En cuanto nos vestimos, nos dirigimos directamente a la casa de la familia Miza. En el camino, nos cruzamos con innumerables personas que nos pedían ayuda o compasión. Al llegar, nos sentimos agradecidos de encontrarlos a salvo. La familia Miza se había bautizado apenas doce días antes, siendo los primeros miembros de la Iglesia en el pueblo. (Aprenda más sobre la familia Miza en la página de Comalapa.) Durante el terremoto, se levantaron de la cama tambaleándose y se arrodillaron a orar en el centro de la habitación mientras la casa temblaba. Los pesados muros de adobe se derrumbaron a su alrededor, pero nadie de la familia resultó herido.

La familia Miza (Elena, Rigoberto, Hugo y Noe) de pie frente a su casa después de que se habían retirado todos los escombros.

Carro aplastado por el peso de los muros de adobe.

Fachada de tienda en Comalapa, días después

Comalapa (Foto de Michael Morris)

REUNIENDO Y ORGANIZANDO NUESTRAS FUERZAS

Mientras estábamos en casa de los Miza, alguien anunció por un altavoz que todos debían mantener la calma y reunirse en la plaza central para organizarnos y ocuparnos de lo necesario. Dado que había entre 3.200 y 3.500 muertos de los 20.000

habitantes del pueblo, se organizaron equipos de trabajo para encargarse de los entierros.

Otros equipos se organizaron para buscar alimentos y agua potable. Sin embargo, la necesidad más urgente era la ayuda médica, ya que había 5.000 heridos, muchos de los cuales necesitaban atención médica inmediata, y no había ni un solo médico ni enfermera en el pueblo. (Los médicos y enfermeras del centro médico acababan de irse del pueblo y sus reemplazos aún no habían llegado).

Como los terremotos siguen las fallas geológicas, me di cuenta de que podría haber un pueblo cercano que no hubiera sido tan afectado como Comalapa, y tal vez podrían ofrecernos ayuda médica. Pensamos que lo más útil era ofrecernos para ir a otro pueblo a buscar ayuda. Siendo que el alcalde y su familia fueron enterrados vivos en su casa, hubo un poco de confusión, pero finalmente recibimos una carta del alcalde interino pidiendo ayuda al gobernador en Chimaltenango.

SALIENDO DE COMALAPA

Como no pudimos encontrar caballo ni motocicleta, salimos a pie alrededor de las 9:30 a. m. El camino que sale de Comalapa serpentea por la ladera de la montaña, y las laderas dan paso a acantilados escarpados que descienden cientos de metros. Mientras caminábamos, aún había muchos temblores, y algunos tramos del camino de tierra se rompían y se deslizaban hacia los barrancos. Sobre las 10:00 a. m., nos encontramos con una pareja que también se dirigía a Chimaltenango a buscar a su hijo, así que viajamos con ellos. En el camino, nos cruzamos con algunas personas que se dirigían a Comalapa y nos contaron que los pueblos de los alrededores también habían sido casi destruidos. También nos informaron que un misionero había muerto en Patzicía.

Mientras salíamos de Comalapa, algunos tramos del camino todavía se estaban desprendiendo y deslizando hacia los barrancos.

Caminamos o corrimos todo el camino, excepto los últimos kilómetros, cuando nos llevaron en un jeep que había intentado llegar a Comalapa, pero se vio obligado a regresar porque el camino estaba intransitable.

Al mediodía, llegamos al pueblo de Zaragoza. Desde allí, podíamos tomar una dirección hacia Chimaltenango o ir en dirección contraria a Patzún, el pueblo natal de Eber. Como parecía que Chimaltenango no podría ofrecernos ninguna ayuda, decidimos ir a Patzún para que Eber pudiera averiguar sobre su familia. Entregamos la carta del alcalde interino a la pareja con la que viajábamos para que la entregaran al gobernador en Chimaltenango. Desde Zaragoza, caminamos unos kilómetros más antes de que nos llevaran hasta el pueblo de Patzicía. Nos desanimamos al acercarnos a la iglesia de Patzicía y encontrarla casi destruida.

CAPILLA DE PATZICÍA

El edificio de La Iglesia de Jesucristo de los Santos de los Últimos Días en Patzicía se ve desde la carretera. Al acercarnos,

14

pudimos ver que la iglesia, construida con vigas de cemento y bloques de hormigón, estaba destruida. Aunque las aulas laterales del edificio seguían en pie, el techo de la capilla y el salón cultural se había derrumbado.

Capilla de Patzicía antes del terremoto

Capilla de Patzicía después del terremoto

Capilla de Patzicía después del terremoto

Capilla de Patzicía, portada de Church News. Las citas a continuación son de ese artículo.

Capilla de Patzicía, Guatemala, después del terremoto de 1976

Capilla de Patzicía, Guatemala, después del terremoto de 1976

"El terremoto provocó que el techo de la capilla de Patzicía se deslizara hacia atrás aproximadamente un metro, volcando así las enormes vigas de hormigón armado que lo sostenían. Al caer de lado, su propio peso fue excesivo y se rompieron por la mitad, dejando el techo en dos pedazos casi intactos, formando una V. La única zona que se mantiene en pie es el ala de aulas del lado norte. Esta también presenta graves daños. Lea más detalles en estos *artículos en el Church News*.

Dentro de la capilla, mirando hacia el lado izquierdo del podio, el rayo se detuvo justo antes de aplastar el piano.

Dentro de la capilla, mirando hacia el lado derecho del podio.

Bancos aplastados en la capilla

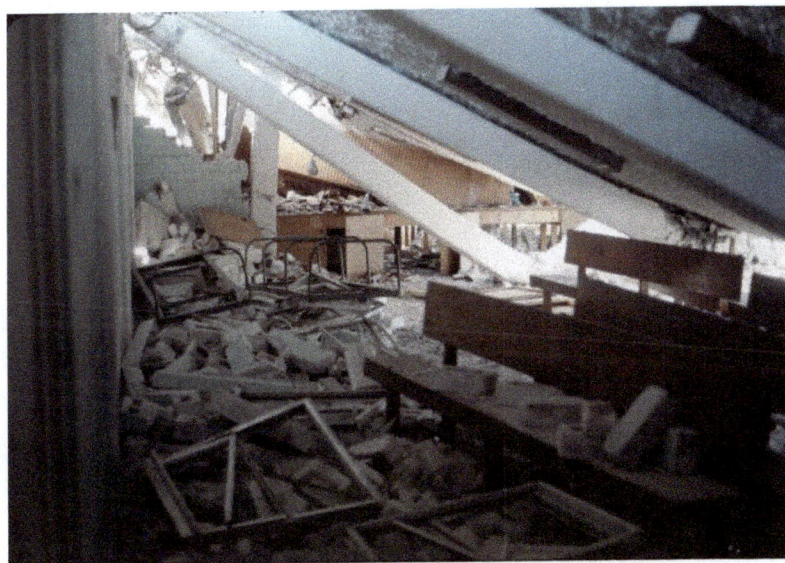

Sala cultural, mirando hacia atrás al lado izquierdo del escenario.

Otra foto del salón cultural, mirando hacia atrás al lado izquierdo del escenario.

Sala cultural, mirando hacia atrás al lado derecho del escenario.

Parte trasera de la iglesia y pasillo cubierto hacia los baños.

Parte trasera de la iglesia en Patzicía, Guatemala después del terremoto de 1976
(Foto cortesía de Michael Morris)

MISIONEROS EN PATZICÍA

PAREJA MAYOR DE MISIONEROS AGRÍCOLAS

El élder Bleak Powell y la hermana Gladys Powell con una blusa y falda nativas en 1975 junto a la iglesia en Patzicía, Guatemala, antes del terremoto.

El élder Bleak Powell y la hermana Gladys Powell eran misioneros agrícolas y vivían en una de las aulas de la iglesia. Sobre su experiencia, la hermana Powell escribió: "Alrededor de las tres de la mañana nos despertó el temblor de nuestra cama... El temblor se volvió más violento... ¡increíblemente violento! Solo podíamos intentar sujetarnos a la cama. Podíamos oír cómo los muebles y nuestras pertenencias se movían por la habitación. Era como si un gigante enorme tuviera la capilla en sus manos y la sacudiera furiosamente. ¡De repente, oímos cómo el edificio se derrumbaba y se desplomaba sobre nosotros! El ruido era ensordecedor. Entonces, el horrible temblor cesó, casi tan abruptamente como había comenzado. Salimos a trompicones de la cama, sobre los escombros, y llegamos al pasillo. Entonces vimos el grotesco montón de lo que una vez fue la capilla y la sala de recreo... ¡todo el lado opuesto de la iglesia se había derrumbado!" (Extractos de *February 4, 1976: We Were There,* un relato inédito de Gladys Powell).

Vista desde la parte trasera de la iglesia de Patzicía. La habitación de los Powell estaba en la esquina trasera derecha del edificio.

Parte trasera de la iglesia. (Foto de Dennis Atkin)

La hermana Powell escribió: "Mientras viva, nunca olvidaré los sonidos que comenzaron a surgir de la gente. Podíamos oír los lamentos y llantos mientras la gente sacaba a sus familias de debajo de las pilas de adobe derribadas. Sus casas eran trampas mortales, pues el adobe era solo barro y se desmoronaba, aplastándolos y asfixiándolos. Al amanecer, pude ver que la casa de nuestros vecinos estaba destruida y oí el llanto de las mujeres, así que trepé por encima de los montones de escombros hasta lo que había sido su patio. Su pequeño hijo de ocho o nueve años caminaba aturdido, cargando el cuerpo de su hermanita muerta en brazos. Abracé a la madre e intenté, con mis débiles fuerzas, consolarla, diciéndole que debemos ser fuertes cuando las cosas parecen desesperadas y que debemos tener fe. Me dio las gracias y dijo en voz baja: 'Es la voluntad de Dios'.

"Muchos hermanos indígenas empezaron a venir a ver si estábamos a salvo. Uno dijo: 'Hermana, la esposa del presidente Choc y sus dos hijos pequeños habían muerto.' Otro vino diciendo que la presidenta de la Sociedad de Socorro y su bebé habían muerto." (Extractos de *February 4, 1976: We Were There*, un relato inédito de Gladys Powell).

LOS ÉLDERS EN LA CLASE DE IDIOMA

Varios misioneros se alojaban cerca de la iglesia tomando las clases de cakchiquel que mencioné antes.

Los élderes Gary Larson, Steven Schmollinger y Fred Bernhardt dormían en una casa de adobe justo afuera de la cerca de la iglesia. No sufrieron lesiones porque las paredes de la casa se derrumbaron y el techo a dos aguas cayó sobre sus camas.

Casa donde dormían los élderes Larson, Schmollinger y Bernhardt.

Dentro de la casa donde dormían los misioneros.

El élder Gary W. Larson

El élder Steven Schmolinger

El élder Fred Bernhardt (años después)

Sin embargo, otros dos misioneros, los élderes Randy Ellsworth y Dennis Atkin, habían dormido esa noche en colchones en el escenario del salón cultural del edificio.

El élder Randy Ellsworth y su esposa, Sylvia (años después)

El élder Dennis Atkin y su esposa, Beverly (años después, en 2002)

Durante el terremoto, el techo de la iglesia cedió y una de las vigas de hormigón y acero de 60 toneladas cayó sobre la espalda del élder Ellsworth, aplastándolo contra la tarima de madera. Otra viga cayó sobre la almohada del élder Atkin, pero afortunadamente la violenta sacudida lo arrojó del colchón y salió ileso.

Escenario en la iglesia de Patzicía donde el élder Ellsworth fue inmovilizado.
Véase otra foto and otra más.

Estos misioneros, junto con los miembros que llegaron después, trabajaron heroicamente en la oscuridad de la noche para liberar al élder Ellsworth. Incapaces de levantar la viga, pasaron seis horas con herramientas rudimentarias cortando el piso del escenario bajo él. Cuando volvieron los temblores y los ladrillos comenzaron a caer a su alrededor, los élderes Evans y Salazar bendijeron las paredes para que no se derrumbaran hasta que rescataran al élder Ellsworth.

Cuando sacaron al élder Ellsworth alrededor de las 9:00 o 9:30 a. m., lo subieron a la parte trasera de la pequeña camioneta de los Powell y se dirigieron al hospital en la Ciudad de Guatemala. Eber y yo llegamos a Patzicía aproximadamente media hora después de que la camioneta partiera hacia la Ciudad de Guatemala. El élder Ellsworth fue trasladado posteriormente a un hospital en la Ciudad de Panamá y luego a Estados Unidos (véanse los artículos 1 y 2), donde un milagro tras otro le salvó la vida y las piernas. Seis meses después, regresó a Guatemala para completar su misión. Lea "I'll Stand and Preach the Gospel." Vea la carta del presidente O'Donnal que explica la historia de Randy Ellsworth. Vea los siguientes discursos de la Conferencia General que relatan información sobre las experiencias del élder Ellsworth:

- Thomas S. Monson, *Ensign, Nov. 1976, página 53*
- Marion G. Romney, *Ensign, Nov. 1977, página 42*
- Thomas S. Monson, *Ensign, Nov. 1986, páginas 41-42*

En una carta al presidente John O'Donnal, 21 años después de la terrible experiencia, Randy Ellsworth escribió lo siguiente: "Siento una gran deuda con el pueblo de Guatemala y los misioneros que sacrificaron tanto, arriesgando sus vidas para salvar la mía... Siempre me atribuyen el mérito de lo ocurrido en el terremoto, pero en realidad, al despertar, me di cuenta de que una viga me había caído encima. Fueron los demás misioneros y los hermanos de Patzicía quienes, estando sanos y salvos, arriesgaron sus vidas arrastrándose hasta donde yo estaba, seguros de que moriría de todas formas. Cuando se produjo un segundo temblor, sin dudarlo, uno de ellos alzó el brazo en escuadra, usando el Sacerdocio de Melquisedec, y bendijo las paredes para que no cayeran hasta que me rescataran. Ellos son quienes merecen el crédito y no quiero traicionarlos. Para mí, los élderes y los hermanos de Patzicía son los verdaderos héroes". (*Pioneer in Guatemala: The Personal History of John Forres O'Donnal*, Shumway Family History Services, Yorba Linda, CA, págs. 130-1.)

MAESTROS DEL IDIOMA

Julio Salazar de la Ciudad de Guatemala

Julio Salazar (años después en 2016)

Taz Evans de Safford, Arizona

Los élderes Salazar y Evans, maestros del idioma, vivían en una casa en el centro de la ciudad. El élder Taz Evans escribió lo siguiente: "En cuanto se produjo el terremoto, nos sacaron de nuestras camas y nos sacaron afuera. Sin duda, fue un milagro y nos sacaron de la casa antes de que corriésemos peligro. Afuera, nos arrodillamos y oramos, turnándonos para orar en voz alta. Bendecimos las paredes de nuestra habitación derruida con el poder del sacerdocio, y luego volvimos a rastras para buscar nuestras linternas y algo de ropa antes de salir corriendo a ver qué podíamos hacer". (*Pioneer in Guatemala: The Personal History of John Forres O'Donnal,* Shumway Family History Services, Yorba Linda, CA, página 148.)

Los élderes se dirigieron a la iglesia y ayudaron en los heroicos esfuerzos para liberar al élder Ellsworth.

MISIONEROS EN SUMPANGO

El élder Daniel Choc

El élder David Lee Frischknecht de Ogden, Utah

"El élder Daniel Choc, hijo de Pablo Choc, y el élder David Frischknecht estaban en Sumpango. Todas las casas de su calle eran un montón de escombros, excepto la suya. Resistió, y los élderes resultaron ilesos." *(Church News)*

MISIONEROS EN PATZÚN

Los misioneros en Patzún fueron el élder Garth Howard y el élder Luis Manuel Argueta.

El élder Garth Howard, foto del 18 de marzo de 1975

El élder Luis Manuel Argueta

22 MIEMBROS MUERTOS — 15 EN PATZICÍA

Calles de Patzicía

Casas en Patzicía

Los élderes Argueta y Richman en Patzicía

Patzicía, Guatemala días después del terremoto de 1976 (Foto cortesía de
Michael Morris)

Patzicía, Guatemala, días después del terremoto de 1976. El élder Frischknecht a la izquierda (Foto cortesía de Michael Morris). Ver más escenas callejeras: 1 and 2.

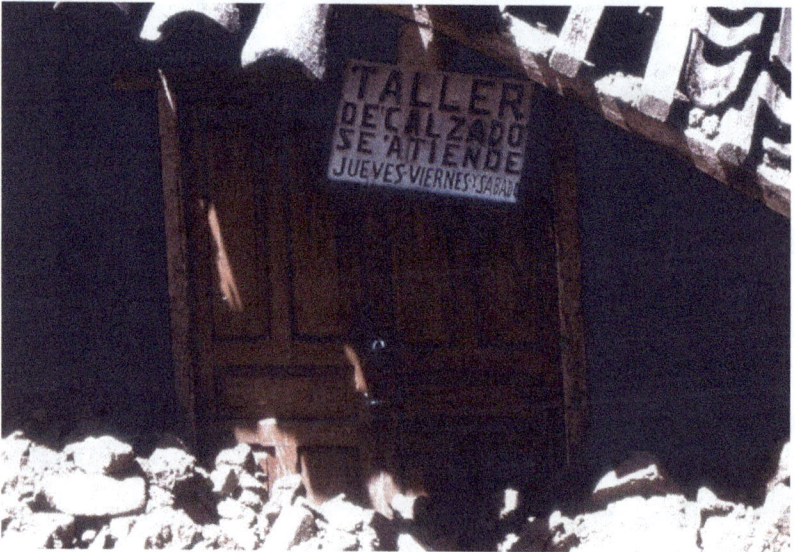

Taller de Calzado

Quince miembros murieron en Patzicía, incluyendo a la esposa embarazada y dos de los hijos menores de Pablo Choc, presidente de la rama de Patzicía. "La mayoría de los miembros murieron entre los escombros de sus casas en los pueblos de

Chimaltenango y Patzicía, a unos 65 kilómetros al norte de la Ciudad de Guatemala. La mayoría de las casas destruidas eran pequeñas casas de adobe. Con el primer terremoto fuerte, se derrumbaron sobre las familias que dormían, causando un gran número de muertos." *(Church News)*

La familia de Pablo Choc antes del terremoto, durante la despedida misionera del élder Daniel Choc. Ver fotos alternativas 1, 2 y 3.

Restos de la casa de Pablo Choc tras el terremoto. Solo queda en pie la puerta en medio del muro exterior derrumbado.

No solo se derrumbó el adobe. La catedral católica, construida con ladrillo y cemento, en la plaza del pueblo de Patzicía también quedó hecha pedazos.

Catedral en la plaza de Patzicía. Ver imágenes alternativas 1 y 2.

El élder Richman sentado en los restos de la torre de ladrillo y mortero de la catedral en la plaza del pueblo de Patzicía, Guatemala.

Catedral en la plaza del pueblo de Patzicía, Guatemala, días después del terremoto de 1976 (Foto cortesía de Michael Morris)

Continuando hacia Patzún

Eber y yo continuamos hacia Patzún para ver a su familia. Justo a las afueras de Patzún, nos llevaron en una camioneta que nos llevó unos kilómetros hasta que el camino se volvió intransitable. Luego caminamos hasta que el camino se volvió intransitable, incluso a pie. Como Eber creció en la zona, conocía un sendero a través del bosque, así que retrocedimos hasta encontrarlo y lo tomamos hasta Patzún.

Al llegar a Patzún, encontramos casi la misma devastación que en los otros pueblos, pero comprobamos que la familia de Eber estaba bien.

Foto del edificio municipal de Patzún tomada días después, tras la limpieza de los escombros de la calle. El élder Daniel Choc está de pie al frente.

El élder Howard, la hermana de Eber, la madre de Eber, Eber Caranza y el padrastro de Eber en Patzún.

Dejé a Eber con su familia y pasé la noche en Patzún con el élder Kelly Robbins y el élder D. Warnock. Como no queríamos dormir cerca de ningún edificio, dormimos en la ladera, justo encima de la casa donde vivían los misioneros. Hubo temblores durante toda la noche y apenas descansamos.

El élder Kelly Robbins

El élder D. Warnock, foto del 19 de marzo de 1975

REGRESO A PATZICÍA

El jueves 5 de febrero por la mañana, regresamos a Patzicía. Admiré la valentía del presidente de la rama, Pablo Choc, quien asumió la responsabilidad de 325 miembros, algunos de los cuales murieron, muchos resultaron heridos y todos quedaron sin hogar. La presidenta de la Sociedad de Socorro de la rama, Arcadia Miculax, había fallecido. La esposa de Pablo, que estaba embarazada, falleció en el terremoto junto con sus dos hijos. Él quedó a cargo de siete hijos, el mayor de los cuales era el élder Daniel Choc Xicay, misionero que entonces servía en el pueblo cercano de Sumpango. Esa mañana, enterramos a la esposa del presidente Choc, a sus dos hijos y a otros doce miembros de la rama en una sola tumba grande. Dediqué la tumba a petición del presidente Choc.

Traslado de miembros al cementerio de Patzicía.

Entierro de miembros en el cementerio de Patzicía, 5 de febrero de 1976.

Esa noche, nuestro presidente de misión, Robert B. Arnold, vino con rollos de plástico grueso para cubrir nuestros sacos de dormir y hacer cobertizos temporales para los miembros como refugios temporales.

Durmiendo al aire libre junto a la iglesia de Patzicía.

El presidente Arnold nos indicó que nuestra responsabilidad principal era ayudar a los miembros con sus necesidades inmediatas y me pidió que me quedara en Patzicía. Me alegró poder servir a los miembros de Patzicía, ya que había trabajado en el pueblo durante casi nueve meses y los conocía bien. Sin embargo, sentía una responsabilidad hacia el pueblo de Comalapa, donde estaba asignado en el momento del terremoto. Solo había una familia de miembros, y todos estaban bien, pero sentí que el resto del pueblo también necesitaba nuestra ayuda y podrían sentir que los habíamos abandonado.

REGRESO A COMALAPA

El viernes 6 de febrero por la mañana, regresamos a Comalapa a recoger nuestras pertenencias, ya que la pared de nuestra habitación se había derrumbado durante el terremoto y la habitación daba a la calle. Para entonces, el camino al pueblo ya estaba despejado y, en algunos tramos, habían abierto nuevos caminos a través de campos de agricultores. Descubrimos que en Comalapa había aún más destrucción de lo que vimos a las 9:30 de la mañana del día del terremoto, cuando salimos del pueblo, ya que había caído más durante los temblores del miércoles y jueves. Me preguntaba si el pueblo sería reconstruido o si se convertiría en un pueblo abandonado.

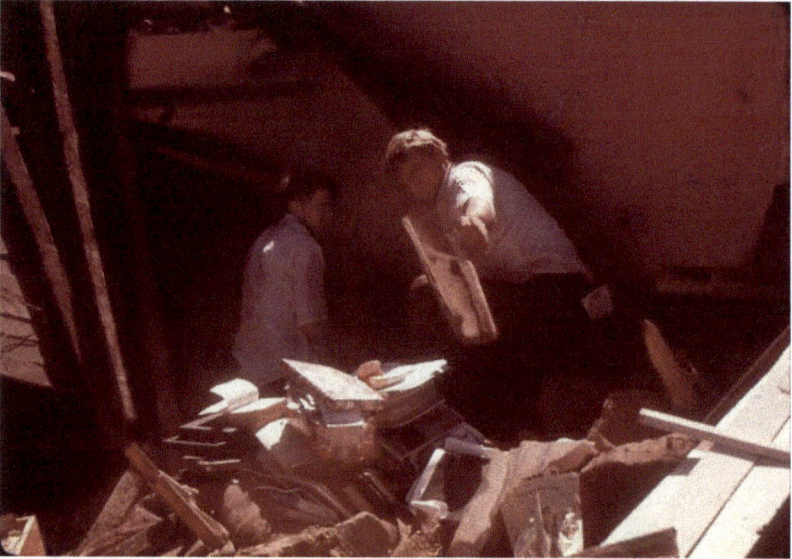

El élder Richman y el élder Larson limpiando la habitación misional en Comalapa

En nuestra casa en Comalapa, encontramos una nota del líder de zona, el élder Kirt Harmon. Lea un relato del élder Kirt Harmon, publicado en la revista *Ensign* de enero de 1979, que explica cómo él y el élder Daniel Choc fueron a Comalapa para ver cómo estábamos. (Vea el PDF del relato).

Nota de los líderes de la zona.

PREOCUPACIÓN DE MIS PADRES

Pasaron muchos días antes de que pudiera avisarles a mis padres que estaba bien. El día del terremoto, mis padres pudieron hablar por teléfono con la esposa del presidente Arnold, quien les aseguró que estaba bien (aunque la oficina de la misión aún no había podido contactarnos). Sin embargo, mis padres estaban ansiosos por saber de mí para estar seguros. Mi papá envió cinco cartas hasta que finalmente recibió una mía. El siguiente es un extracto de su carta, fechada el domingo 8 de febrero de 1976:

Querido Larry:

Esta última semana hemos pasado días de mucha ansiedad, viendo las noticias y consultando el periódico. Oramos por ti y tus seres queridos. Oramos por tu bienestar. Deseamos poder ayudarte. Fue un alivio hablar con la esposa de tu presidente de misión, la hermana Arnold, y ella me aseguró que estabas bien, al igual que el élder Luis Manuel Argueta. Sabemos que esta debe ser una experiencia conmovedora para ti, al ayudar a los hijos de Dios y ejercer tu sacerdocio, y que muchos testimonios crecerán, incluyendo el tuyo. Nuestros pensamientos y oraciones están contigo constantemente. Sabemos cuánto amas a la gente de allí.

Seguimos esperando ansiosamente noticias tuyas. Oramos para que tengas suficiente comida y agua para beber. Escuchamos todo tipo de historias de hambruna y epidemias. En cuanto puedas, escríbenos, envíanos un telegrama o llámanos. Te queremos mucho y sabemos que estás muy ocupado. Por favor, cuéntanos cómo estás lo antes posible. Oramos para que todas las bendiciones más selectas de nuestro Padre estén contigo y con los miembros presentes.

Con todo nuestro amor, tu papá.

El 16 de febrero, escribió: "Esperamos que se encuentre bien y que la situación esté volviendo a la normalidad. Seguimos esperando ansiosamente noticias tuyas. Por favor, llámanos, envíanos un telegrama o una carta para contarnos cómo estás." (La última carta que recibió de mí era del 27 de enero). No pude llamar ni telegrafiar porque las líneas telefónicas no funcionaban. Las dos cartas siguientes, fechadas el 11 de febrero de 1976, son dos de las muchas que escribí a casa, con la esperanza de que al menos una llegara.

11-2-76

Dear Family,

Just a note to let you know that I'm
ok. I'm sending two letters, hoping that for sure
one of them gets to you.

The Lord has saved us all from the earthquake.
All the missionaries are alive & only one was
seriously hurt. He looks like he'll be ok.
Now he's in Washington, DC in an Army
Hospital. I escaped without any injury
even though our house fell down. Almost
everything in this area came tumbling
down in the few seconds initial earthquake & the succeeding tremors. As I am
writing this letter, I just felt a small
tremor. They continue & will do so for a
few more weeks. But don't worry because
the Lord is protecting his missionaries. He has
done so far & will continue to do so. Of
that I have great faith.

So tell all the relatives that I'm ok!
I won't have much time to write because
we are very busy supplying all the members
with food, blankets, tents, etc. After which
will be a gigantic re-construction program.
Please save all the newspaper articles, I'll
write whenever I get a chance. Don't
worry about anything. The Lord's watching
over us.

Love Always
Larry

write to:
Apartado
2369
Guate, Guate

Carta a la casa, 11 de febrero de 1976.

Dear Parents,

I just have a moment to send you a note. I'm alright, ok, and great. We're frantically working to try to help all the people here. All the missionaries in the mission are ok. Only one was hurt & he'll be alright. So don't worry, I'm ok. We've received vaccinations & we have enough food, tents, blankets & everything. The tremors haven't stopped yet, but we sleep safe & out of the way of anything that could fall on us. A lot of people died. For example Comalapa -- population 20,000, Dead - 1,500, wounded 2,000. I've got to go now. Please save all the newspapers. Tell all the relatives that I'm ok. The Lord protects his missionaries.

Love,
Larry

11 February 1976
Patzicía, Guate.

Otra carta a la casa, 11 de febrero de 1976.

Una de estas cartas llegó a Boise el 17 de febrero. Mi papá me respondió al día siguiente diciendo: "Recibimos tu carta ayer, 11 de febrero. No sabes cuánto nos alegra saber que todo está bien. Sabemos que nuestro Padre Celestial te protege, pero aun así estábamos ansiosos por saber de ti."

Véase un artículo del periódico Idaho Statesman sobre el terremoto y un reportaje sobre el élder Richman.

El Alivio Llegó Rápidamente

Los misioneros ayudaron a distribuir alimentos, ropa y mantas, así como ollas y sartenes para cocinar y hervir agua. Médicos y misioneros de salud llegaron para administrar inyecciones para prevenir la hepatitis y la fiebre tifoidea. Temíamos epidemias generalizadas debido a la contaminación del agua y a que aún se estaban desenterrando cadáveres de entre los escombros varios días después del terremoto. La estaca de Quetzaltenango envió inmediatamente camiones cargados de provisiones, y pronto llegó ayuda adicional de la Iglesia de Salt Lake.

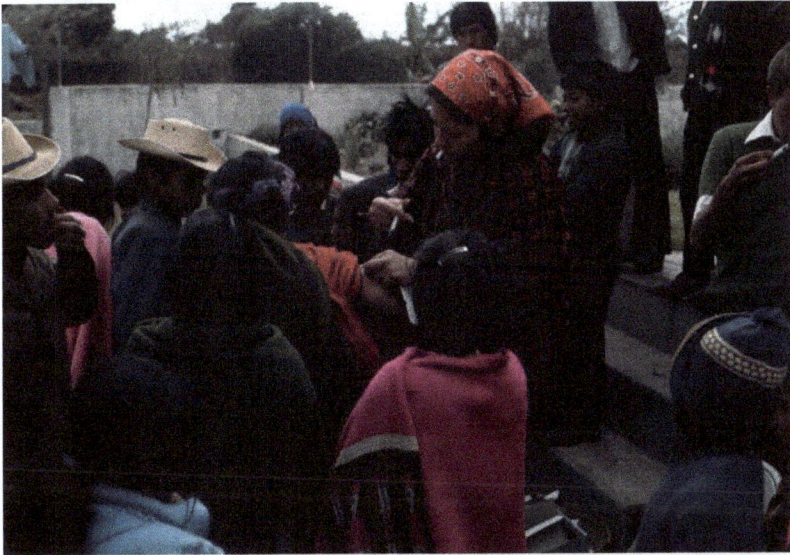

La hermana Cathy Hyer administra inyecciones de gammaglobulina y vacuna contra la fiebre tifoidea a las personas para prevenir la propagación de la enfermedad.

El élder Richman ayuda.

La gente empezó a limpiar los escombros con las manos y azadones. A los pocos días, llegó maquinaria pesada para empezar a limpiar las calles.

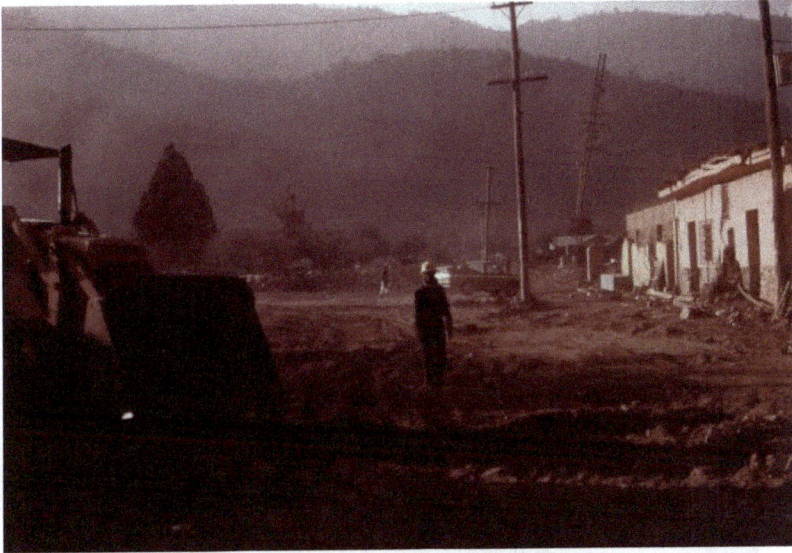

Despejando las calles de Comalapa días después (Foto cortesía de Michael Morris)

Campamento de Trabajo Patzicía

Instalamos un campamento de tiendas de campamento alrededor de la iglesia en Patzicía y dieciséis misioneros pasaron los dos meses siguientes en camisetas y pantalones de trabajo, trabajando con palas y picos, ayudando a la gente a desalojar sus terrenos para construir nuevas casas. Estábamos ansiosos de ayudar a los miembros que se instalaran en casas antes de que comenzara la temporada de lluvias en tan solo unos meses. Retiramos los viejos adobes, desmontamos los techos y apilamos la madera y las láminas.

Los domingos los pasábamos en la iglesia y en otras reuniones organizando jornadas de trabajo, pero los otros seis días de la semana salíamos del campamento a las 6:30 a. m. y regresábamos polvorientos y sucios a las 5:00 p. m. Luego nos bañábamos, comíamos y nos acostábamos. Una mañana, por ejemplo, tres de nosotros trabajamos en la casa de un hombre cargando los adobes de 16 kilos sobre nuestros hombros desde la casa, recorriendo 30 metros hasta el camino donde los tiramos. Durante las cinco horas que estuvimos en su casa, trasladamos unos 14.000 kilos. Un misionero comentó que, en todos los años que llevaba cortando heno en la granja de su padre, nunca había trabajado tan duro como ese día. No buscábamos elogios de nuestros padres ni del presidente de la misión; trabajábamos porque amábamos a la gente y queríamos ayudarla.

Cómo derribar una pared de adobe: Paso 1. El élder Larson y el élder Richman quitando el yeso de una pared.

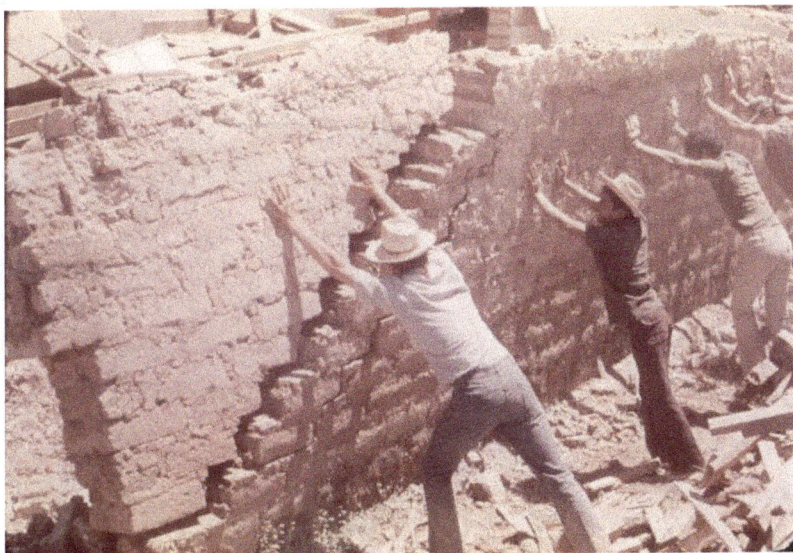

Cómo derribar una pared de adobe: Paso 2. El élder Richman y otros la empujan.

El élder Richman empujando una pared

Derribando una pared durante una jornada laboral en Sumpango, 1 de marzo de 1976

Y la pared se derrumbó

Los élderes Bernhardt y Richman apilan maderas después de desmontar un techo en Sumpango

El élder Gary Larson en Sumpango

Los élderes Richman y Gibson después de un día de trabajo en Sumpango.

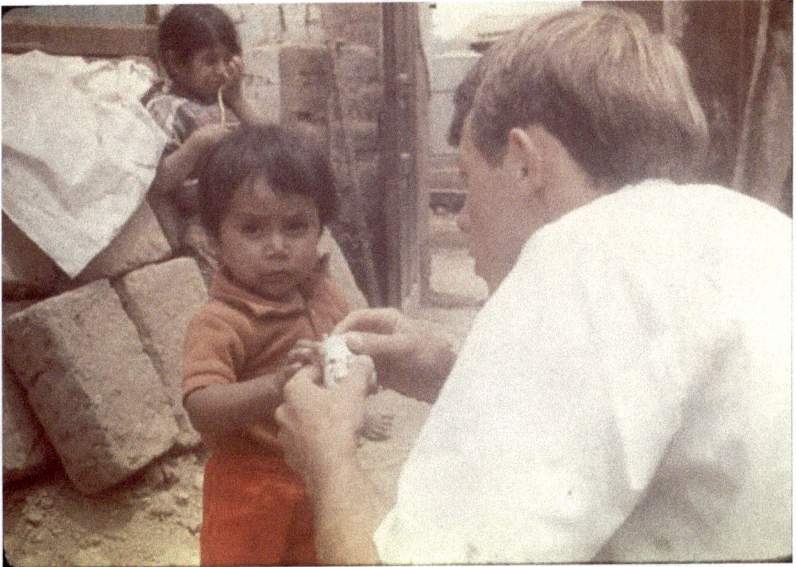

El élder Richman ayuda a un niño

El élder Richman en Sumpango.

El élder Atkin está a la derecha.

El élder Warnock (a la izquierda) y el élder Larson (a la derecha) derriban las paredes dañados después del terremoto en Guatemala de 1976.

Derribando una pared

Cada día de preparación (los lunes) durante dos meses después del terremoto, la Zona de la Ciudad de Guatemala y la Zona de Quetzaltenango se unieron con nosotros para trabajar en conjunto en un pueblo para ayudar tanto a miembros como a no miembros. Lea sobre los misioneros que trabajaban en los pueblos en sus días de preparación en el artículo "Elders Help Rebuild Guatemala" de *Church News*.

Día de trabajo en Comalapa, 23 de febrero de 1976

Día de trabajo en Comalapa, 23 de febrero de 1976

Día de trabajo en Comalapa, 23 de febrero de 1976

Calle en Comalapa

Calle en Comalapa vista desde el parque

Vista de la calle en Comalapa desde el Calvario

El élder Bernhardt sentado en piedras junto a una gallina muerta después de la jornada laboral en Comalapa

DIARIO
LA TARDE

No. 1644   Director General: Jorge Carpio Nicolle   Año VI
Guatemala, sábado 28 de febrero de 1976.

LOS MORMONES MUEVEN MONTAÑAS

EN PREPARACION para un día de trabajo duro, misioneros de todas partes de Guatemala empiezan a dividirse en cuadrillas de trabajadores.

Como sorpresa al pueblo de Comalapa, Chimaltenango, el día lunes 23 de febrero, un grupo de más de 100 misioneros de la Iglesia de Jesucristo de los Santos de los Ultimos Días llegaron en dos camionetas, una de la capital y la otra de Quezaltenango, con el propósito de demostrar y reconstruir una parte del pueblo.

Bajo la dirección de Boyce Lines y Bleak Powell, misioneros de agricultura de la Iglesia, la cuadrilla se dividió en grupos de cinco y seis obreros. Cada grupo recibió las herramientas necesarias y fueron asignados para dar servicio a familias específicas bajo la instrucción del hermano Rigoberto Misa Moxó, quien se convirtió a la Iglesia Mormona en Comalapa hace un mes.

A las nueve horas, comenzaron la labor larga y pesada de limpieza y restauración de lo que quedó del pueblito después de la tragedia que nos sucedió el 4 de los corrientes.

Los misioneros lograron desmontar completamente unos 18 lotes pertenecientes a familias no miembros de la Iglesia, dejando que los tractores municipales quiten el desperdicio de las casas caídas sin hacer daño a los pisos que quedaron intactos.

67

Misioneros haciendo una pausa para comer sandía en el camino de salida de Comalapa después de la jornada laboral. (Los élderes Evans, Choc y Frischknecht al frente)

Unos 4 élderes fuimos a la Ciudad de Guatemala el 23 de febrero de 1976, después de la jornada laboral en Comalapa, y pasamos la noche en el Hotel Ritz Continental, 6a Avenida "A" 10-13, zona 1. El hotel no sufrió daños graves por el terremoto. Fue extraño volver a dormir bajo techo, con la preocupación de que las gruesas paredes nos cayeran encima durante uno de los temblores que aún se producían.

Helicóptero entrega ayuda en la plaza del pueblo de Comalapa

Plaza del pueblo de Comalapa varios meses después. (Foto cortesía de Michael Morris)

En 2009, se muestra la fachada de la antigua iglesia católica de Comalapa reconstruida y una nueva iglesia a su lado.

Cuatro élderes del campamento: Garth Howard, Kelly Robbins, Lance Standifird y Larry Richman

Los élderes Daniel Choc, Julio Salazar y Dennis Atkin

El élder y la hermana Boyce y Carol Lines ayudaron a supervisar el campamento.

El élder Bleak Powel y el élder Luis Manuel Argueta

Bleak Powell, David Frischknecht, Garth Howard, Cleo Fromm, Kelly Robbins y Hye Fromm

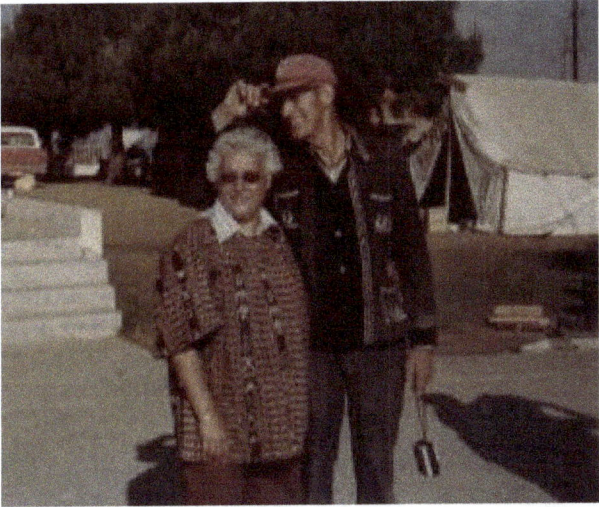

El élder y la hermana Hye y Cleo Fromm ayudaron a supervisar el campamento.

Hye y Cleo Fromm

El élder Richman comienza un día de trabajo

Los élderes Argueta y Richman en la calle en Patzicía, Guatemala

En Patzicía. Solo las puertas de esta casa siguen en pie.

Los élderes Richman y Argueta

El élder Argueta está a la derecha.

El élder Argueta

El élder Richman

Los élderes Argueta y Richman detrás de la iglesia de Patzicía. Véase una foto alternativa.

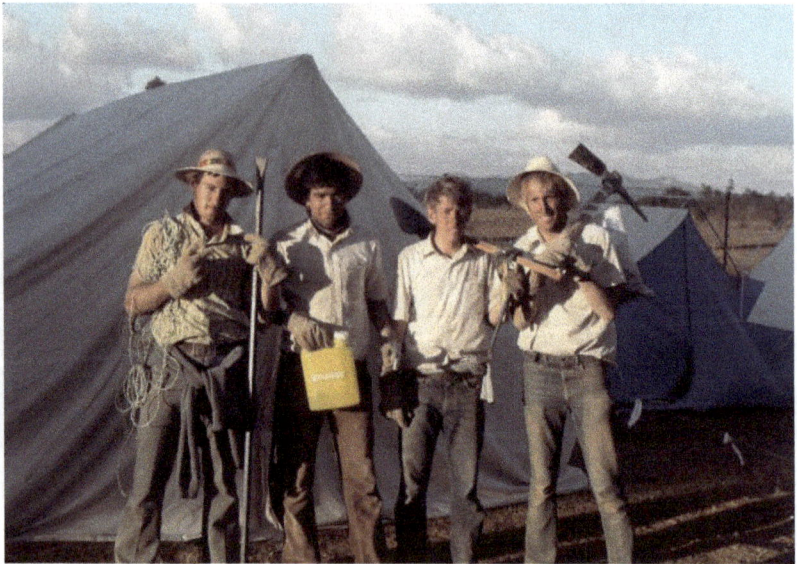

Equipo de trabajo 1: Los élderes Bernhardt, Salazar, Richman y Schmolinger

Equipo de trabajo 2: Los élderes Choc, Larson, Frischknecht y Evans

Los élderes Richman, Salazar, Choc, Evans, Larson, Frischknecht y Bernhardt

Trabajadores del campamento Patzicía

El campamento Patzicía

El Campamento Patzicía. Ver la página ¿Dónde están hoy?

El élder Wait, el élder Worthington, el élder Bernhardt, la hermana Powell, el hermano Powell, el élder Howard, la hermana Sharp, el élder Schmolinger, la hermana Hyer y el élder Warnock.

Preparando adobe. Los élderes Larson, Robbins y Richman

Un autobús lleno de ayuda llega a Patzicía desde los EE.UU.

La madre del élder Argueta llega con ayuda.

Durante parte de los dos meses del campamento Patzicía, otro misionero y yo nos encargamos del campamento durante el día. Un día, por ejemplo, vimos nacer un ternero, matamos seis pollos, sacamos varios cientos de galones de agua del pozo, distribuimos comida y ropa a quienes acudieron a la iglesia, lavamos los platos de la mañana y de la tarde, limpiamos la cocina, el comedor, el campamento y las tiendas de campamento, clasificamos la ropa limpia y la entregamos en cada tienda, hicimos algunos recados en el pueblo y trasladamos un piano y otras cosas de los cuartos de la iglesia.

Un día, cuando Greg Martin y yo estábamos en el campamento, un helicóptero aterrizó en el campo junto a la iglesia. Un hombre salió corriendo del helicóptero y preguntó: "¿Consiguieron la leche en polvo de Canadá?" Nos pareció una pregunta extraña, ya que no sabíamos nada sobre la leche de Canadá.

El élder Richman lavando ropa

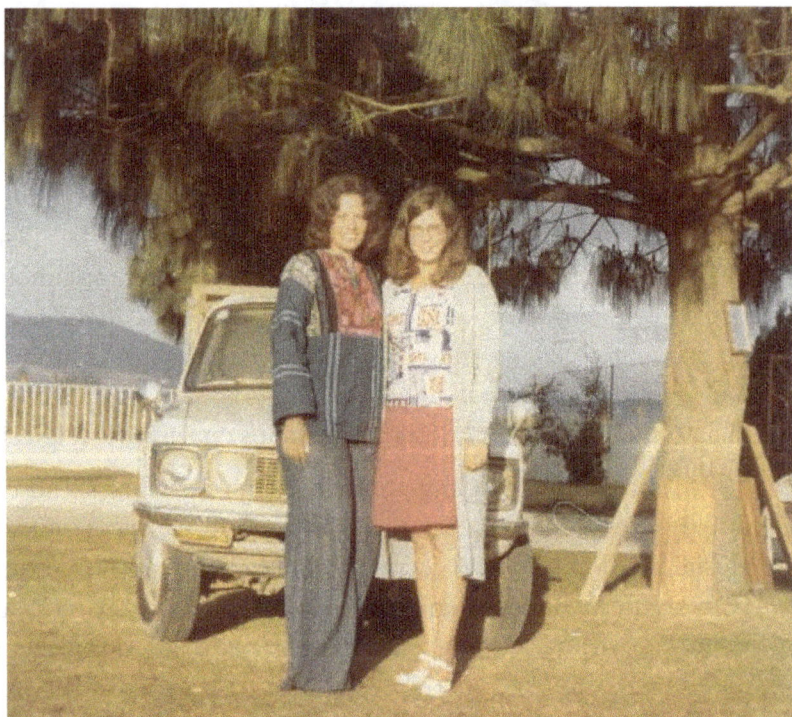

La hermana Cathy Hyer y la hermana Geraldine Pullam

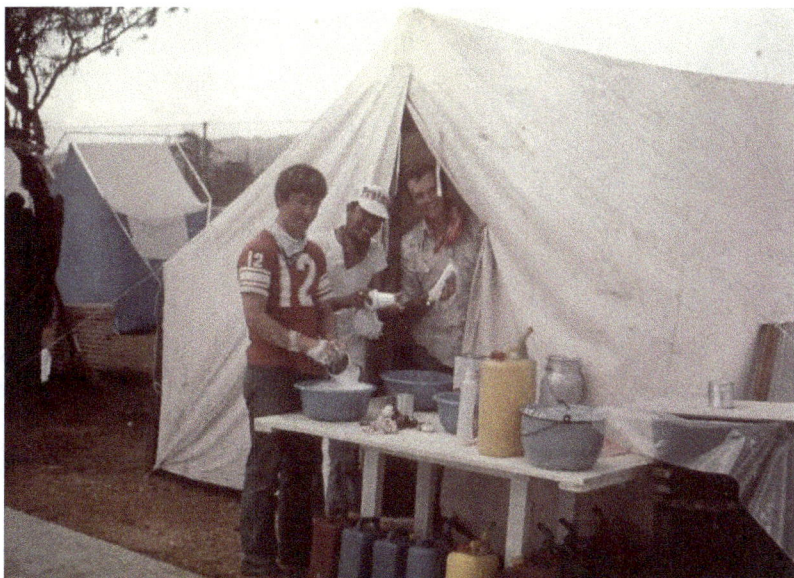

Los élderes Howard, Argueta y Robbins lavando platos después de un día de trabajo.

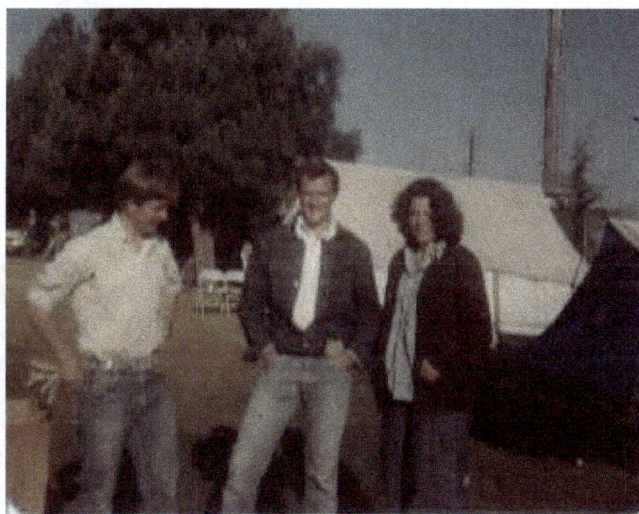

Garth Howard, Kelly Robbins y Cathy Hyer

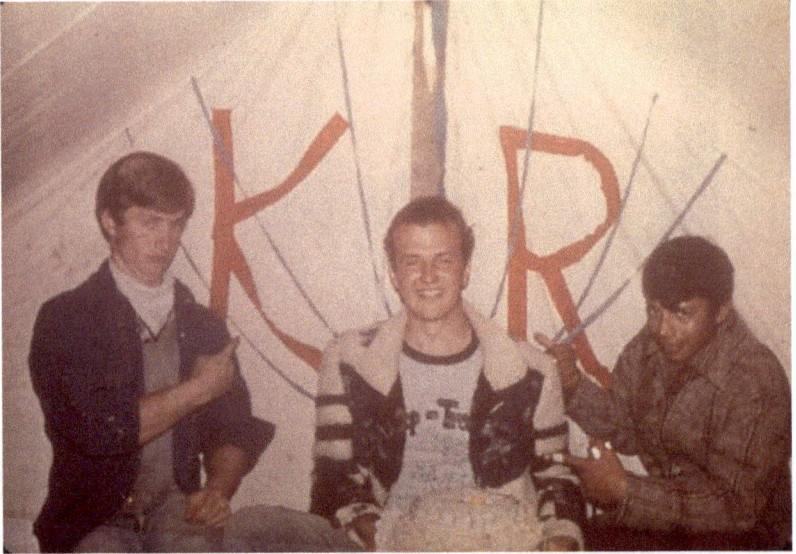

Disfrutando de un momento libre para celebrar el cumpleaños del élder Kelly Robbins. Los élderes Howard, Robbins y Argueta.

Cumpleaños del élder Kelly Robbins. El élder Howard, la hermana Johnson, la hermana Wheatly, el élder Robbins y el élder Richman.

Seguíamos experimentando temblores varias veces al día. Nadie dormía bajo nada más pesado que papel, cartón o tela. A menudo nos preguntábamos si se produciría un terremoto más fuerte, como el que experimentaron en la ciudad de Antigua hace muchos años. Allí, un terremoto derribó edificios y causó la muerte de personas, pero tres semanas después se produjo un terremoto aún mayor que destruyó la ciudad.

Durante algunas semanas, el Observatorio Nacional de Guatemala instaló un sismógrafo en la ciudad. Este registró temblores de hasta 3.5 en la escala de Richter. Provienen de cerca de la superficie, lo que significa que el suelo se mueve y es inestable. El centro de la actividad se encuentra a unos seis kilómetros al sur de Patzicía, cerca del volcán de Fuego.

David Frischknecht y Julio Salazar

Los élderes Argueta y Richman

Atrás de la iglesia de Patzicía. Los élderes Argueta y Choc

El élder Richman y Walter Matzer (nuestro propietario en Comalapa)
recolectando arena en el río.

Servicios dominicales al aire libre en Patzicía, Guatemala durante las primeras semanas

Estructura temporal de la iglesia donde se llevaron a cabo reuniones hasta que se reconstruyó la iglesia.

Servicios dentro de la estructura temporal de la iglesia donde se llevaron a cabo reuniones en Patzicía, Guatemala hasta que se reconstruyó la nueva capilla.

Los élderes Richman y Argueta

El élder Larry Richman, misionero de obra

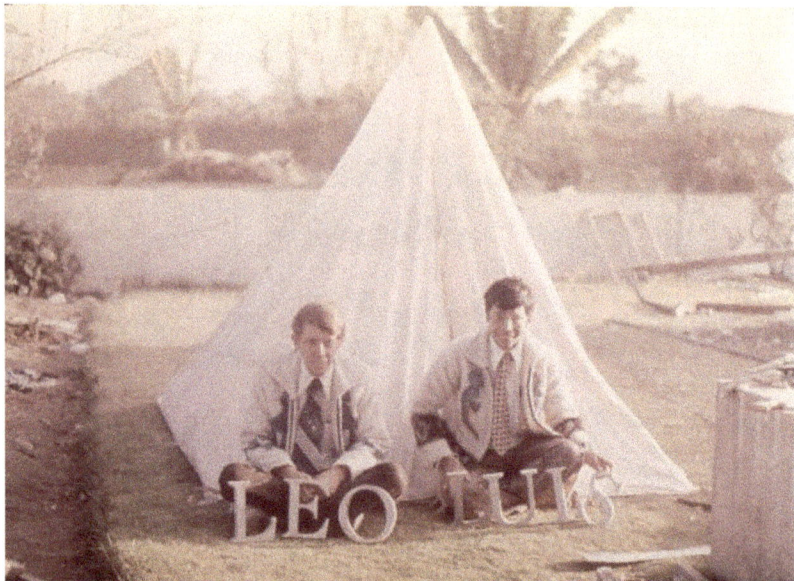

El élder Larry Richman y su compañero de tienda, el élder Luis Manuel Argueta.

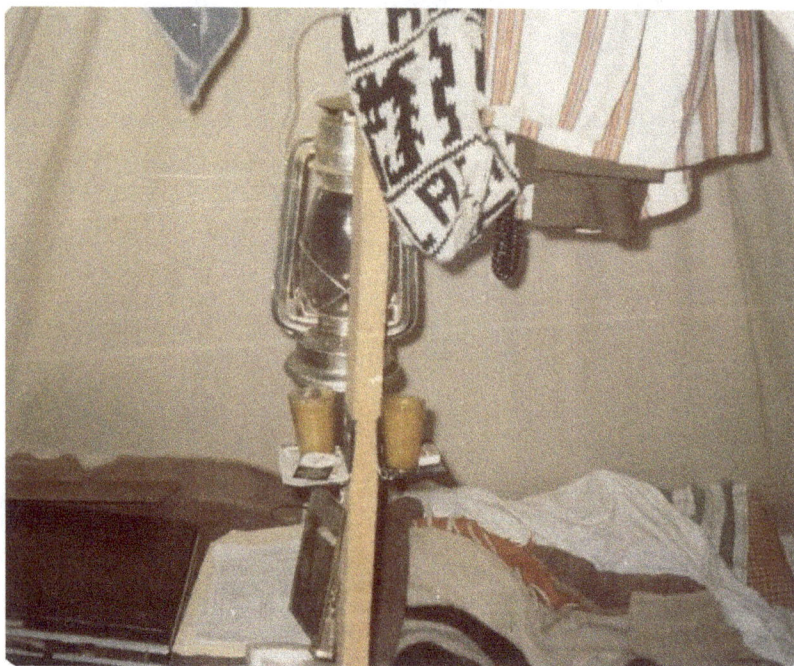

Dentro de nuestra tienda en el campamento Patzicía

La hermana Arcadia Miculax Xicay (hija de Mateo Miculax y Petronilia Xicay) era presidenta de la Sociedad de Socorro en Patzicía y falleció en el terremoto junto con su bebé Baudilio. Su esposo, Ricardo Cua Itzol, no era miembro. Pero la urgencia del terremoto lo impulsó a bautizarse.

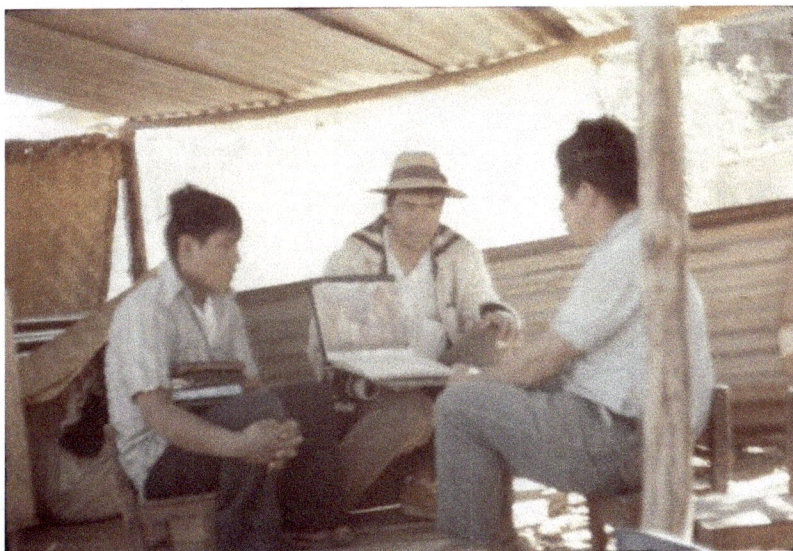

El élder Choc y el élder Salazar enseñando a Ricardo Cua.

Los élderes Salazar y Choc preparan un lugar para el bautismo en el río Balanyá

El élder Salazar bautizando a Ricardo Cua en el río Balanyá el 12 de febrero de 1976

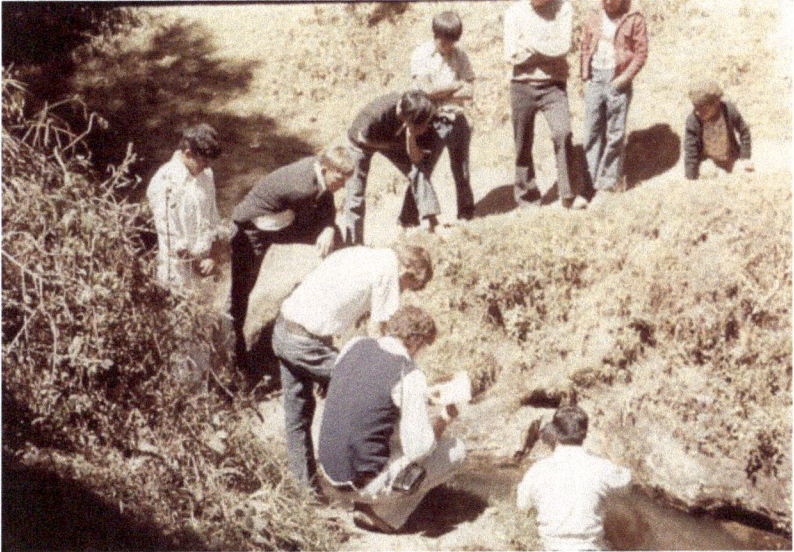

El élder Choc bautizando en el río Balanyá el 12 de febrero de 1976

El élder Richman se prepara para confirmar a Ricardo Cua como miembro de la Iglesia en las orillas del río Balanyá el 12 de febrero de 1976.

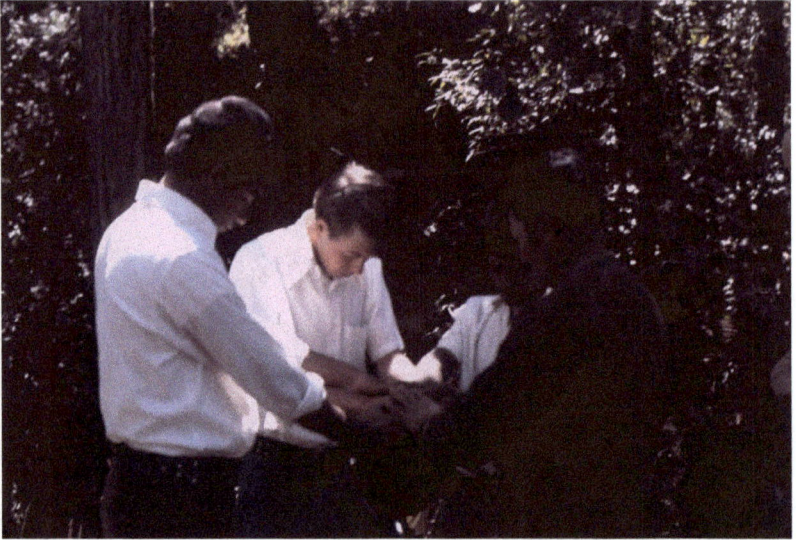

El élder Richman confirma a Ricardo Cua como miembro de la Iglesia en las orillas del río Balanyá el 12 de febrero de 1976.

El hermano Ricardo Cua falleció posteriormente en un accidente mientras mezclaba pesticidas. El élder Larry Richman y el élder David Frischknecht realizaron la obra del templo por él y su esposa, Arcadia Miculax Xicay, el 18 de julio de 1979. Consulte las hojas de genealogía familiar y la carta sobre la obra del templo.

Construyendo una casa de adobe con el hermano Per

Construyendo una casa de adobe, el élder Frischknecht y el élder Richman

El presidente Robert B. Arnold llega a Patzún para hablar sobre el proyecto de reconstrucción de viviendas con los miembros. (También aparecen: Eber Caranza, Gary Larson y D. Warnock).

Como la mayoría de los miembros no tenían medios económicos (ni ahorros ni posibilidad de pedir dinero prestado) para reconstruir sus viviendas, la Iglesia desarrolló un plan para ayudarlos.

El presidente de la misión, Robert Arnold, se reúne con miembros de Patzún

Comenzaron a aparecer carteles como éste, impresos en cartulina:

104

JUNTEMOS NUESTRAS MANOS
Y LEVANTEMOS A NUESTRO PUEBLO

COMALAPA VIVE

FAM. SALAZAR

CON TU AYUDA ¡SEÑOR!
RECONSTRUIREMOS
COMALAPA

TIENDA "SAN FRANCISCO"

JESUS NAZARENO DE LOS MILAGROS

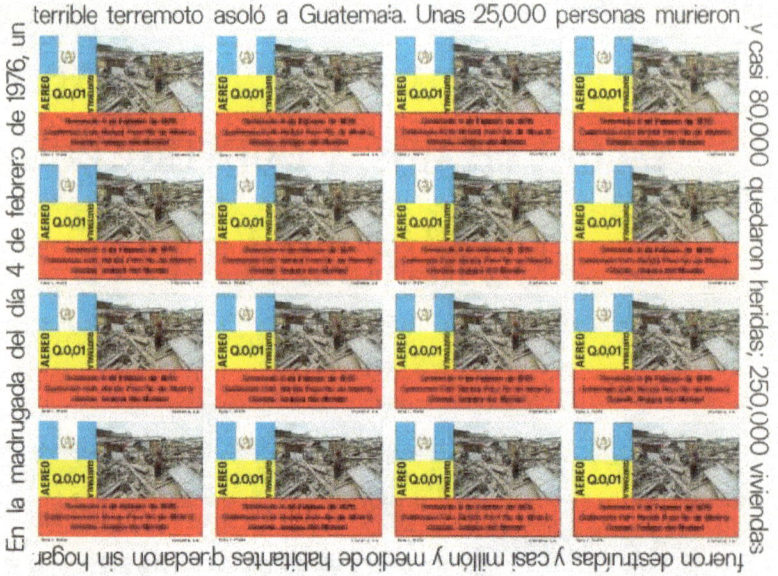

Posteriormente se emitieron sellos postales conmemorando el terremoto.

Como se mencionó anteriormente, cada lunes, durante dos meses después del terremoto, los misioneros de varias zonas se unieron a nosotros para trabajar en un pueblo para ayudar a la gente a limpiar y prepararse para la reconstrucción. El último lunes del campamento fue el 29 de marzo de 1976, y trabajamos en el pueblo de Patzún. Después de esto, debíamos terminar el campamento y regresar a la labor misional habitual.

Día de trabajo en Patzún

Varios misioneros estaban derribando la base de una pared de 4.5 metros (similar al de la foto de arriba) cuando esta cedió prematuramente y se derrumbó.

Todos se pusieron a salvo, excepto el élder Daniel Choc, quien fue aplastado por un trozo de ladrillo y cemento de más de un metro. El élder Warnock le administró respiración artificial mientras lo llevaban de urgencia a una escuela cercana que se había convertido en hospital. Pero el Señor pronto lo llamó a casa.

Creíamos haber visto el fin de la muerte por el terremoto dos meses antes, pero ahora se llevó otra vida querida para nosotros. Solo podíamos preguntarnos: "¿Por qué estaba él debajo de ese muro y no yo?" A pesar de las dificultades que tuvo en su vida, el élder Choc siempre estaba feliz y era un buen amigo. También fue un gran beneficio para la misión, al ser el único misionero nativo cakchiquel. Con paciencia nos enseñó a comprender a su pueblo y a hablar su idioma.

Daniel Choc Xicay

La familia de Pablo Choc en la despedida misional del élder Daniel Choc. Ver fotos alternativas 2 y 3

Subimos su cuerpo a una camioneta, y el élder Boyce Lines, el élder D. Warnock, el élder Julio Salazar y yo lo llevamos a Patzicía. El presidente de rama, Pablo Choc, padre de Daniel, estaba en la iglesia de Patzicía cuando llegamos. El presidente Choc había pasado por pruebas similares a las de Job, pero se mantuvo firme y fiel. Él y su esposa tenían diez hijos, y ella estaba esperando el undécimo cuando falleció en el terremoto. Pablo se quedó con seis hijos vivos.

El presidente de misión y yo preparamos el cuerpo de Daniel y lo colocamos en el ataúd. Medía solo un metro y medio, pero para mí era un hombre gigantesco. Dejamos en la solapa de su traje el botón que llevaba, que decía "Por sacrificio se dan bendiciones."

Trasladando el ataúd de Daniel Choc al cementerio. Misioneros en la foto (de izquierda a derecha): el élder Fred Bernhardt, el élder David Frischknecht, el elder Kelly Robbins, él élder Julio Salazar, Fulgencio Choy, José León Choy y el élder Garth Howard (al frente, a la derecha del ataúd).

El presidente Robert B. Arnold y Pablo Choc en el funeral de Daniel.

Pablo Choc en el funeral de Daniel.

Solo puedo imaginar los sentimientos de un padre que envió a su hijo a una misión y luego perdió a su esposa y tres hijos en el terremoto. Solo puedo imaginar la fe que necesitó para ser fuerte por su familia y por todos los demás miembros de la rama, quienes también perdieron a sus familiares. Luego solo puedo imaginar la agonía dos meses después, cuando perdió a su hijo misionero en este accidente.

A través de todas estas pruebas, el presidente Choc se mantuvo fuerte y fiel. Es uno de los hombres más nobles, dignos y humildes que conozco. Él y su esposa tenían diez hijos, y ella estaba esperando el undécimo cuando falleció en el terremoto. Pablo se quedó con solo seis hijos vivos.

El 24 de enero de 2007, Margaret Blair Young escribió: "Fulgencio Choy dijo que muchas personas, tanto dentro como fuera de la Iglesia, observaban a Pablo Choc para ver cómo reaccionaría ante su tragedia [la pérdida de su esposa y varios hijos en el terremoto], y que su ejemplo de fortaleza fue una de las razones principales por las que la Iglesia creció tan maravillosamente en Patzicía. (El 10% de los habitantes de

Patzicía son Santos de los Últimos Días ahora: cinco barrios, una estaca y dos ramas adicionales en las aldeas)".

El funeral se celebró en la casa de Pablo Choc el 30 de marzo. (Véase el programa funerario.) Hablé sobre las seis semanas que fuimos compañeros en Comalapa. Durante esas seis semanas, me enseñó cosas que creía saber, como qué es el amor y qué significan la dedicación y la fidelidad. Un día, el élder Choc y yo nos propusimos enseñar diez plácticas. Mientras tocamos las puertas para encontrar a esas diez personas a quienes enseñar, y después de ser rechazados en una puerta, el élder Choc a menudo corría, no caminaba, a tocar la puerta siguiente.

Los élderes Argueta, Richman, Robbins y Larson en el funeral de Daniel Choc.

El élder Choc merecía dos honores. Fue el primer misionero cakchiquel del mundo y ahora es el primer misionero cakchiquel en el mundo de los espíritus. En el libro de Doctrina y Convenios 138:57, leemos sobre la visión que recibió el Presidente Joseph F. Smith sobre el mundo de los espíritus: "Vi que los fieles élderes de esta dispensación, cuando salen de la vida terrenal, continúan sus obras en la predicación del evangelio de arrepentimiento y redención, mediante el sacrificio del Unigénito Hijo de Dios, entre aquellos que están en tinieblas y bajo la servidumbre del pecado en el gran mundo de los espíritus de los muertos."

El ataúd del élder Choc fue colocado en una tumba construida sobre la tumba de su madre, dos hermanos y los otros doce miembros de la rama que enterramos el 5 de febrero. El presidente Arnold dedicó la tumba.

Los élderes Argueta, Larson, Robbins y Richman junto a la tumba de Daniel Choc. (Véase la foto adicional del élder Gary Larson, Lynn Richman y el élder Frischknecht junto a la tumba del élder Daniel Choc en agosto de 1976, cuando mis padres vinieron a recogerme de la misión).

El élder Hixon al lado de la tumba de Daniel Choc

La tumba del élder Daniel Choc está a la izquierda del árbol seco.

La lápida sepulcral de Daniel Choc

En el frente de su tumba hay una lápida de mármol con la siguiente inscripción: "cuando os halláis al servicio de vuestros semejantes, solo estáis en el servicio de vuestro Dios." Mosíah 2:17. Daniel Choc (Xicay). Nació 11 de diciembre de 1953. Falleció 29 de marzo de 1976. El primer misionero cakchiquel de La Iglesia de Jesucristo de los Santos de los Últimos Días quien falleció sirviendo a su pueblo."

Cada uno de nosotros se sentó junto a la tumba y grabó sus pensamientos. Vean las fotos del élder Argueta, el élder Larson y el élder Richman.

Espero con ansias el día en que cruce el velo y me reúna con el élder Choc con los brazos abiertos, y pueda agradecerle como nunca en esta vida su amistad y el ejemplo que me dió.

"Era imposible hacer que el élder Choc se enojara contigo. Tampoco se podía discutir con él." —Julio Salazar

"El élder Choc me enseñó con su ejemplo el verdadero significado de la bondad fraternal, la dedicación y la consagración." —Larry Richman

Fulgencio Choy y Daniel Choc. El apodo de Fulgencio era "colochin."

Elder Is Killed Clearing Debris Left by Quake

PATZICIA, GUATEMALA

The earthquake of February which killed so many people here has claimed another victim, adding to the burden of sorrow of Pres. Pablo Choc, president of the Patzicia Branch.

Pres. Choc lost his wife and two sons in the initial quake when their small home collapsed during the night of the quake.

A son, Elder Daniel Choc, the first Cakchiquel Indian missionary in the Church, was killed March 29 in the town of Patzun, when an adobe wall fell on him, according to Pres. Robert B. Arnold, president of the Guatemala Guatemala City Mission.

Elder Choc was working with 60 other missionaries on their "preparation day" helping clean up rubble in Patzun when the wall fell on him, killing him.

Pres. Choc has one son, Serapio, still living.

Artículo de periódico

"Murió sirviendo al Señor mientras realizaba obra misional, haciendo amigos y ayudando a alguien que no era miembro. ¡Qué mejor manera de morir!" —Presidente Robert B. Arnold

"He tenido el privilegio de entrevistar al élder Choc y conocer los detalles íntimos de su vida. Les aseguro que el élder Choc dejó este mundo completamente dedicado y completamente puro." —Presidente Robert B. Arnold

"Solo espero estar tan bien cuando muera como el élder Choc." —Presidente Robert B. Arnold

Vean los siguientes artículos en las revistas de la Iglesia sobre el élder Daniel Choc:

- "The Dedicated Daniel Choc," *Ensign,* enero 1979 (Vea un PDF del artículo). Lea el artículo en español (página 1, página 2 y página 3).

- "Daniel Choc, First Cakchiquel Missionary," *New Era,* abril 1978

Vea este telegrama de Walter Matzer (nuestro propietario en Comalapa).

Letter to Editor

Missionary's Death Prompts Tribute

Editor Herald:

It was with sorrow that I learned of the death March 29 of Elder Daniel Choc of Patzicia, Guatemala, a full-time missionary in the Guatemala Mission. He was crushed by an adobe wall which fell, as he and 60 other missionaries were helping clear away rubble in the earthquake - devastated town of Patzun.

I have seen no notice of his death in the local press, but feel that his passing deserves special tribute. He was an extraordinary missionary, and he and his family are known to many people in Utah.

The first Cakchiquel missionary in the Church, Elder Choc gave distinguished service during his year of labor in Patzun, Comalapa, Sumpango and Patzicia. He was loved and respected by his missionary companions and associates. Patiently he taught them to understand the Cakchiquel people and to speak the difficult Mayan dialect. From his own love and understanding of the native culture, he was able to communicate with great power and clarity the message that was so precious to him.

Prior to his mission, Daniel Choc had lived for two years with the Cordell Andersen family in Guatemala. It was there that he developed an appreciation of missionary work as he served a local mission among the Poconchi Indians of Paradise Valley, baptising 24 and serving as a teacher among them.

Our brother, Daniel Choc, now joins his mother and two young brothers who were victims of the tragic earthquake that struck last February.

Daniel's father, Pablo Choc, president of the Patzicia Branch of the LDS Church, who has suffered such a loss, to Daniel's beautiful Indian sweetheart, to the Cordell Andersens, who held him as one of their own family and gave of themselves so unselfishly to bring out the greatness of this young man, to his missionary companions and members of the church who loved Daniel Choc and feel keenly his absence, I send my love and heartfelt sympathy.

May the memory of this remarkable saint and missionary be blessed, and may God raise up others to serve as he did.

Humbly submitted,
Robert Blair
Provo

Carta al editor acerca de Daniel Choc

La novia del élder Choc, Feliza Choy, fue una inspiración de fortaleza. Posteriormente, sirvió en una misión de tiempo completo.

Feliza Choy

Feliza Choy (novia del élder Daniel Choc) hablando con el élder Argueta y el élder Richman

LA CONCLUSIÓN DEL CAMPAMENTO PATZICÍA

El campamento Patzicía finalizó el 31 de marzo de 1976, y los misioneros que trabajaron allí fueron asignados a regresar a la labor proselitista en varios pueblos. Lea dónde se encuentran estos misioneros hoy.

Otro grupo de 35 misioneros obreros (futuros misioneros locales de tiempo completo y estudiantes de BYU) se hizo cargo de las tiendas y, durante nueve meses, construyó más de 250 pequeñas casas de bloques de hormigón para los miembros. Lea el artículo "Cementing Ties in Guatemala" (*New Era,* febrero de 1977) sobre los trabajadores que ayudaron a reconstruir las casas. Vea también "Rebuilding After Guatemala Quake."

Campamento de construcción fabricando bloques de hormigón

Trabajadores del campamento de construcción

Ciudad de tiendas junto a la iglesia de Patzicía para los misioneros de la construcción

Miembros ayudan a romper el techo de la iglesia de Patzicía

Demolición de la iglesia en Patzicía, Guatemala

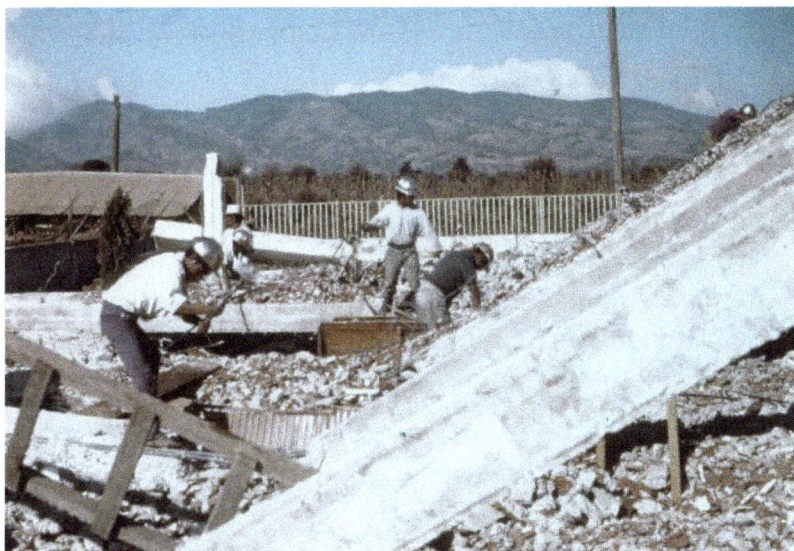

Demolición de la iglesia en Patzicía, Guatemala

Limpieza de escombros de la iglesia de Patzicía

Viví con el pueblo cakchiquel y los vi trabajar y esforzarse. Les ayudé a construir sus casas con grandes esperanzas para el futuro y luego les ayudé a palear los escombros después de que esas esperanzas fueran destruidas por un terremoto de 45 segundos. Viví con ellos, oré con ellos, sudé con ellos y les ayudé a enterrar a sus muertos. Compartí su alegría al ver el éxito y el progreso.

Para mí, el terremoto comenzó como una pesadilla. Creí estar soñando que estaba atrapado en la cama. Pensé que podría despertar y que todo estaría bien. Pero desperté y descubrí que la pesadilla era una realidad que destrozó esperanzas y sueños. Pero el terremoto terminó siendo una especie de purificación. Se han reconstruido pueblos, han nacido nuevos sueños y, con una firme confianza en Dios, hay aún más esperanza de un futuro brillante.

Elena, Nelson y Rigoberto Miza en su nuevo hogar en julio de 1978

*Niños en Patzicía jugando con materiales de construcción en la reconstrucción
de la iglesia en Patzicía en 1978*

PABLO CHOC

Pablo Choc

Pablo Choc se bautizó en la Iglesia en 1960, siendo uno de los primeros indígenas cakchiqueles en aceptar el Evangelio restaurado. En pocos años, fue llamado como presidente de rama. Una de sus tareas fue encontrar un lugar para construir un centro de reuniones para la rama, que crecía rápidamente. Finalmente, compró una propiedad y, con materiales proporcionados por la Iglesia, los miembros de la rama construyeron el primer centro de reuniones en Patzicía. Pablo fue contratado como conserje del edificio.

En 1966, Pablo y su esposa, Agustina, se sellaron en el Templo de Mesa, Arizona. Tras servir brevemente como secretario de distrito, fue llamado nuevamente como presidente de rama.

Foto de pasaporte de la familia de Pablo Choc cuando fueron al templo de Mesa para ser sellados.

Conozca más sobre Pablo Choc:

- "A 'David' in Stature, 'Goliath' in Gospel" en *Church News*.
- "Un legado de fé y servicio en Patzicía" en la página de prensa de la Iglesia para Guatemala.
- "Mi llamamiento me ayudó mucho" (también en inglés, "My Calling Helped Me a Lot") en la colección de historia global en el sitio de la Iglesia.

Pablo Choc cuenta cómo ahorró dinero durante años para que Daniel pudiera servir una misión de tiempo completo. Había ahorrado entre 100 y 150 quetzales, una suma considerable en aquellos tiempos. Un día, los militares estaban en la ciudad buscando jóvenes como posibles reclutas. Su método de "reclutamiento" era agarrar a los jóvenes potenciales de la calle y llevarlos a la cárcel, donde seleccionaban a los que buscaban. Pablo tuvo que darles a los guardias los 100 o 150 quetzales para liberar a Daniel, lo que no dejó nada para la misión. Otros miembros y la misión consiguieron el dinero necesario para que Daniel pudiera servir, y los misioneros donaron ropa para que Daniel la usara.

Carlos Choc vende pollos en el mercado para apoyar la misión de Daniel Choc

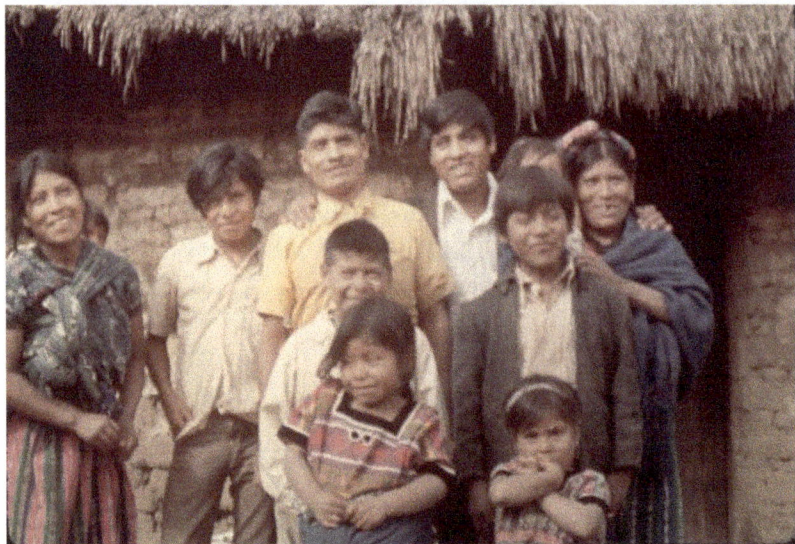

Familia de Pablo Choc en la despedida misional del élder Daniel Choc, el 12 de marzo de 1975.

La familia de Pablo Choc y otros en la despedida misional del élder Daniel Choc, el 12 de marzo de 1975. Ver fotos alternativas 2 y 3

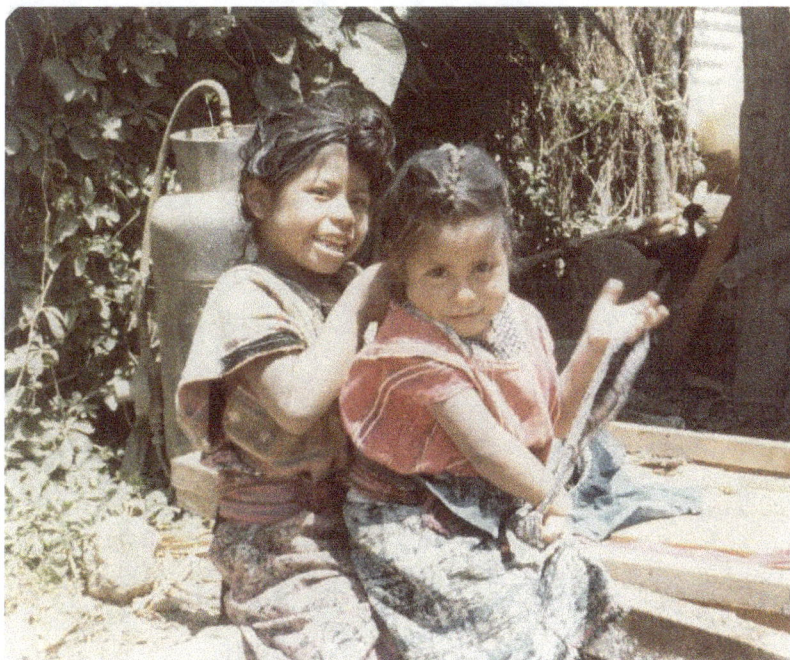

Las hijas de Pablo Choc, Magdelena y Florinda

El élder David Frischknecht con Magdelena, Florinda y Rolando Choc

Agustín y Cesar

Agustín Choc 1977

Agustín Choc, el élder David Frischknecht y César en el Calvario de Patzicía

El 4 de febrero de 1976, un terremoto catastrófico azotó Guatemala. Patzicía se encontraba cerca del epicentro de la devastación. Casas y otros edificios del pueblo quedaron arrasados. La casa de Pablo se derrumbó, y su esposa embarazada y sus dos hijos menores murieron. Tras rescatar sus cuerpos de entre los escombros, le informaron que el centro de reuniones se había derrumbado y que un misionero estaba atrapado bajo una enorme viga del techo.

Restos de la casa de Pablo Choc tras el terremoto. Solo queda en pie la puerta en medio del muro exterior derrumbado.

Lea cómo Pablo Choc respondió a sus deberes como presidente de rama en las páginas Latter-day Saint Missionaries in the Guatemala Earthquake of 1976 y LDS Missionaries in the Guatemala Earthquake of 1976, Part 2.

La hermana Powell escribió: "Nuestro querido presidente de rama, Pablo Choc, quien perdió a su esposa y a sus dos hijos pequeños en el terremoto, cumple con sus deberes con una sonrisa. Pero cuando estamos solos y conversamos, dice: 'Ay, hermana, extraño mucho a mi esposa. Mi hogar está muy triste. Solo espero poder vivir dignamente y trabajar en la iglesia para poder estar con ellos de nuevo. Esta vida no es muy larga. Solo tenemos que seguir adelante y hacer lo mejor que podamos.' Su hijo, Daniel, el primer indígena cakchiquel de servir una misión de tiempo completo, vino a nuestra tienda la otra noche. Está aquí con los demás misioneros trabajando. Dijo: 'No puedo creer que mi madre haya muerto. Es muy triste para mí, pero es mucho más triste para mis hermanitas. La necesitan muchísimo.' Pero él continúa cada día en su labor misional riendo con los demás misioneros. Quizás no conozcan el dolor que siente en su corazón." (Extractos de *February 4, 1976: We Were There,* un relato inédito de Gladys Powell).

Pablo Choc durante los servicios funerales de Daniel.

El presidente Pablo Choc fue una inspiración. Muchas personas, tanto miembros de la Iglesia como no miembros, observaban a Pablo Choc para ver cómo reaccionaría ante estas tragedias. Su ejemplo de fortaleza fue una razón importante por la que la Iglesia ha crecido tan maravillosamente en Patzicía. En 1976, solo había una rama en Patzicía, y en 2015, había cuatro barrios y una estaca con sede en Patzicía.

Familia de Pablo Choc en 1977

Primera presidencia de estaca en Patzicía

Pablo Choc en 2006. (Pablo Choc a la derecha. Margaret Blair Young en el medio.)

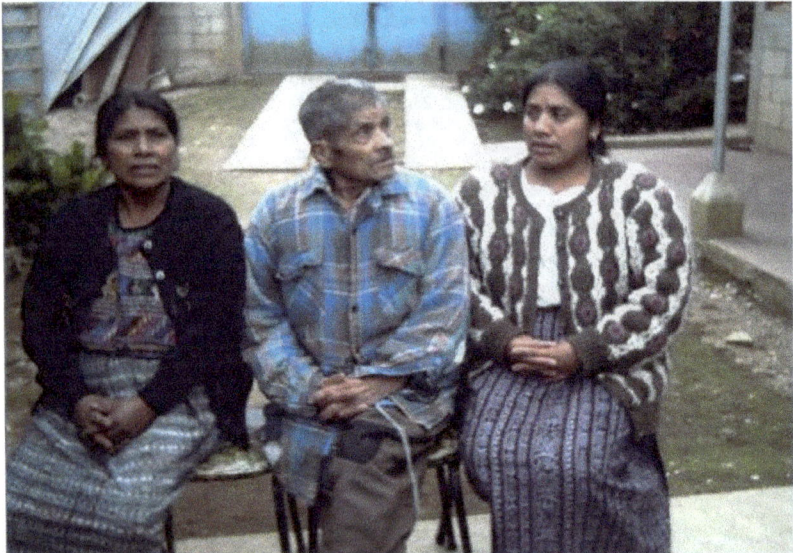

Pablo Choc en 2006 con su hija y su nieta

"We may not know what contribution our small thread makes in the great tapestry. We may not understand the pattern that our lives make as they intersect, connect, separate, and intersect again, but God does."
-Chieko N. Okazaki

"Tal vez no sepamos la forma en que nuestro hilo contribuye a ese gran tapiz; tal vez no comprendamos el diseño que forman nuestras vidas a medida que se cruzan, se conectan, se separan y se vuelven a cruzar, pero Dios si." —Chieko N. Okazaki Esta es una muestra de un corte que ha pertenecido a la familia Pablo Choc durante años. Esta muestra fue preparada por Margaret Blair y entregada a los misioneros que sirvieron en Patzicía durante una reunión misionera en la casa de Robert Blair el 2 de octubre de 2015.

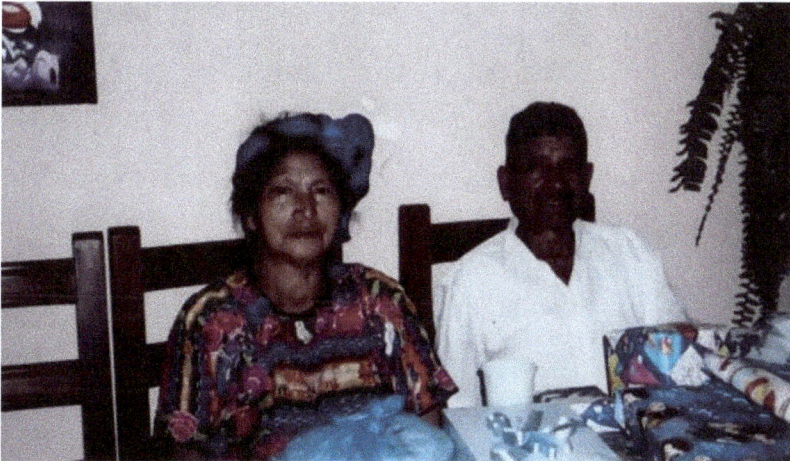

Pablo Choc y su esposa

La esposa y el hijo de Pablo Choc que murieron en el terremoto

Pablo Choc falleció el 28 de julio de 2010.

Más información sobre la familia Pablo Choc:

- Consulte la página de Patzicía para ver más fotos e información sobre la familia Pablo Choc.
- "El CID y Ayuda" (también en inglés, "El CID and Ayuda") en la colección de historia global del sitio web de la Iglesia.

DANIEL CHOC

A finales de la década de 1960, algunos exmisioneros que habían servido en Guatemala decidieron ayudar a aliviar el impacto de la pobreza extrema que habían presenciado en todo el país. Compraron una pequeña finca en Valparaíso (cerca de Cobán), donde establecieron escuelas primarias y vocacionales, y construyeron viviendas nuevas y limpias para la población local. Uno de los hijos de Pablo Choc, Daniel Choc, fue uno de los muchos adolescentes que llegaron de diversas zonas al Centro Indígena de Desarrollo, comúnmente conocido como El CID, para aprender a vivir, trabajar y tener lo que se llamó "La Buena Vida." Posteriormente, los hermanos de Daniel, Serapio y Carmela, también trabajaron en El CID.

Lo siguiente es del sitio del Guatemalan Foundation:

"Uno de ellos, de Patzicía, Daniel Choc, aprendió rápidamente y fue el primero en aprender a operar el nuevo tractor Ford y todos sus implementos. Este tractor fue, de hecho, el primer proyecto de la Fundación en 1970. Durante los dos años siguientes, Daniel enseñó a otras 26 personas, entre estudiantes y empleados de tiempo completo, a conducir el tractor.

"Tras dos años como estudiante y supervisor en el CID, regresó a su casa en Patzicía. En la congregación Santos de los Últimos Días de allí se decía: "Daniel salió de aquí siendo niño y regresó hecho hombre." Se convirtió en el primer misionero cakchiquel Santo de los Últimos Días de tiempo completo.

"Fue Daniel quien respondió a la pregunta sobre la mejor manera de ayudar a su pueblo: 'Formalizar el programa en Valparaíso y dar a otros jóvenes como yo la oportunidad de aprender a vivir y trabajar.' Se le atribuye el mérito de nombrar a Valparaíso como 'El Centro Indígena de Desarrollo.' Entre él y Cordell, el plan era, después de su misión, establecer en Patzicía 'El CID n.º 2,' con Daniel como administrador, pero trágicamente, durante su misión, falleció tras el terremoto de 1976 que cobró la vida de 23.000 guatemaltecos."

Lea la historia del élder Daniel Choc Xicay como misionero en Comalapa.

El élder Daniel Choc Xicay

El élder Daniel Choc

El presidente de la rama Pablo Choc, sus hijos, el élder Daniel Choc y Agustín Choc, y el élder David Frischknecht detrás de la iglesia caída en Patzicía después de que se retiraron la mayor parte de los escombros.

Lea sobre la prematura muerte del élder Choc después del terremoto de 1976 en las páginas Latter-day Saint Missionaries in the Guatemala Earthquake of 1976 y LDS Missionaries in the Guatemala Earthquake of 1976, Part 2.

El 5 de octubre de 2018, se celebró en Salt Lake City el evento "Nobles y Grandes" para honrar a los misioneros Santos de los Últimos Días que perdieron la vida durante su servicio. En dicho evento, Larry Richman rindió homenaje al élder Daniel Choc, el primer misionero Santo de los Últimos Días de tiempo completo del pueblo de Patzicía y el primer misionero de la Iglesia de habla cakchiquel.

Vea un video de homenaje a Daniel Choc por Larry Richman.

A continuación, se muestran las diapositivas y el texto del video de homenaje.

Daniel Choc

The First Cakchiquel Missionary
of The Church of Jesus Christ
of Latter-day Saints

A Tribute by Larry Richman

Daniel Choc nació el 11 de diciembre de 1952 en Patzicía, un pequeño pueblo de 5.000 habitantes en las montañas de Guatemala.

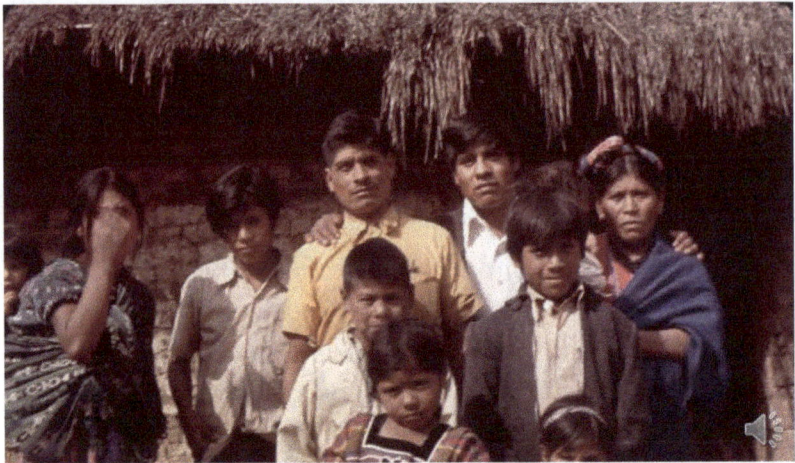

Esta es una foto de Daniel y su familia el día que partió a la misión. Fue el primer misionero que sirvió del pueblo de Patzicía; de hecho, en cualquier pueblo de habla cakchiquel.

Fui compañero misionero del élder Choc durante cinco semanas en el pueblo de Comalapa. Durante esas cinco semanas, me enseñó cosas que creía saber, como la dedicación y la fieldad. El élder Choc fue un misionero especialmente eficaz, no solo por ser hablante nativo de cakchiquel, sino también por su humildad y su forma de explicar el evangelio de forma sencilla, de modo que el Espíritu pudiera tocar el corazón de la gente. El día más productivo de toda mi misión fue durante esas cinco semanas con el élder Choc. Ese día impartimos diez pláticas. Al ir de puerta en puerta para encontrar a esas diez personas a quienes enseñar, y tras ser rechazados en una puerta, el élder Choc solía correr, en lugar de caminar, para tocar la siguiente.

Teníamos una misión un tanto peculiar. En los pueblos indígenas, todos los hombres iban a trabajar al campo, y solo las mujeres y los niños estaban en casa durante el día, así que los seguíamos al campo para enseñarles.

149

El élder Choc enseña a un hombre y a su hijo durante la pausa del almuerzo.

Cuando llegaron las lluvias, no dejamos de trabajar. La gente siguió trabajando en el campo, y nosotros también.

El 4 de febrero de 1976, a las 3:00 a. m., un terremoto azotó Guatemala. El sismo tuvo una magnitud de 7,6 en la escala de Richter y duró 45 segundos. Como se puede ver en esta foto, las casas de adobe quedaron reducidas a escombros. El terremoto fue 90 veces más fuerte que el que azotó Managua, Nicaragua, en 1972. Esa noche, cerca de 25.000 personas murieron, 80.000 resultaron heridas, 250.000 viviendas quedaron destruidas y casi 1,5 millones de personas se quedaron sin hogar.

Incluso las casas construidas con ladrillos se derrumbaron.

Este es el edificio de la Iglesia en el pueblo de Patzicía antes del terremoto.

Y después. Ni siquiera las vigas de hormigón armado fueron suficientes para resistir…

...la fuerza y el temblor del terremoto.

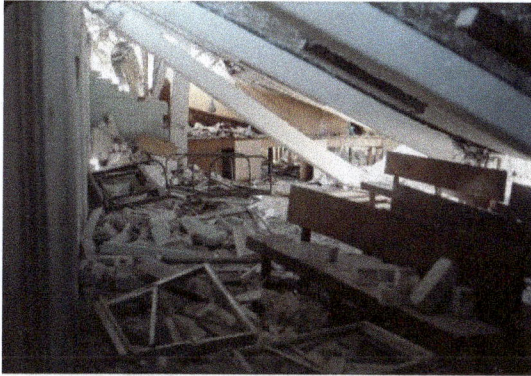

Este es el interior de la sala cultural.

Estos son los restos de la casa de la familia de Daniel. En la casa derrumbada murieron su madre (quien estaba embarazada en ese momento) y dos de sus hermanos. El padre de Daniel también era presidente de la rama de Patzicía. Así que no solo tuvo que lidiar con la muerte de su esposa y sus tres hijos, sino que también era responsable de los miembros del pueblo que habían perdido sus hogares.

En total, enterramos a 15 miembros que murieron en el pueblo de Patzicía esa noche.

El élder Choc regresó pronto del pueblo de Sumpango, donde servía al momento del terremoto, para consolar a su padre y al resto de su familia. Esta es una foto de su padre, Pablo Choc, a la izquierda. Luego se ve al élder Choc, a su hermano menor, Agustín, y al élder Frischknecht detrás de la iglesia derruida en Patzicía, después de que se retiraran la mayor parte de los escombros.

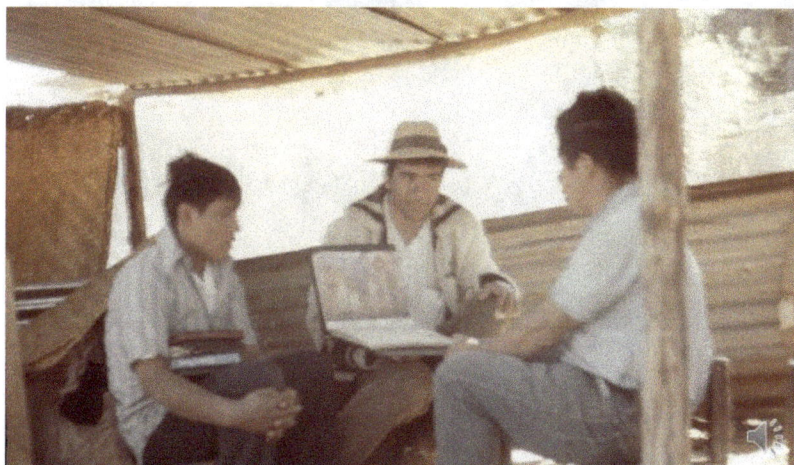

A pesar de haber perdido a su madre y a sus tres hermanos, Daniel servía una misión. Y se mantuvo firme en su compromiso misionero. Esta es una foto tomada días después del terremoto. Daniel (a la izquierda) y el élder Salazar (a la derecha) enseñan al esposo no miembro de la presidenta de la Sociedad de Socorro, quien también falleció en el terremoto.

Esta es una foto del bautismo unos días después.

El élder Choc trabajó junto con los demás misioneros durante dos meses después del terremoto, ayudando a la gente a sacar con pala todos los escombros que dejó el devastador terremoto.

Las pocas paredes que quedaban en pie eran inseguras y tuvieron que ser derribadas. Así que quitábamos el yeso del adobe o ladrillo...

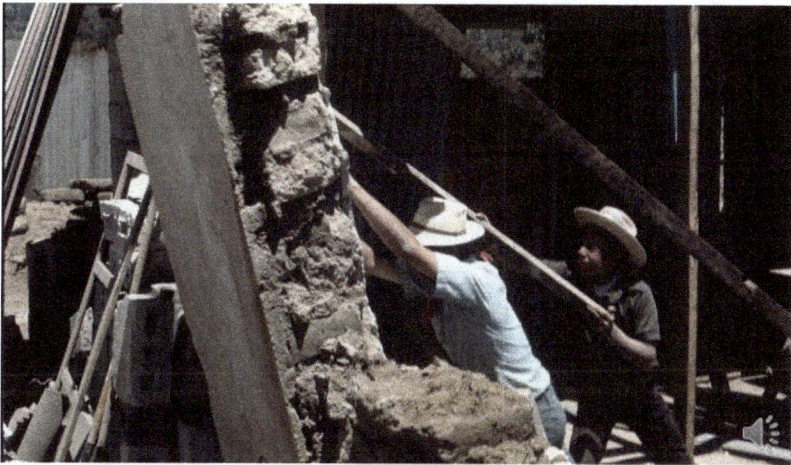

...y luego empujamos la pared.

O lo jalábamos. Dos meses después del terremoto, el 29 de marzo de 1976, estábamos trabajando en el pueblo de Patzún derribando paredes, cuando una pared similar a este cedió prematuramente y se derrumbó. Todos corrieron a ponerse a salvo, excepto el élder Choc, quien fue aplastado por un trozo de ladrillo y cemento de un metro y medio. Un compañero misionero le administró respiración artificial mientras lo llevaban de urgencia a una escuela cercana que se había convertido en hospital.

Pero el Señor pronto lo llamó a casa. Creíamos haber visto el fin de la muerte por el terremoto dos meses antes, pero ahora se llevaba otra vida querida para nosotros. Solo podíamos preguntarnos: "¿Por qué estaba él bajo ese muro y no yo?" A pesar de las dificultades que atravesó en su vida, el élder Choc siempre estaba feliz y era un buen amigo. También fue un gran beneficio para la misión, al ser el único misionero nativo de habla cakchiquel. Con paciencia nos enseñó a comprender a su pueblo y a hablar su idioma.

El presidente de la misión y yo preparamos el cuerpo de Daniel y lo colocamos en el ataúd. Medía solo un metro y medio, pero para mí era un hombre enorme. Dejamos en la solapa de su traje el botón que llevaba, que decía "Por sacrificio se dan bendiciones."

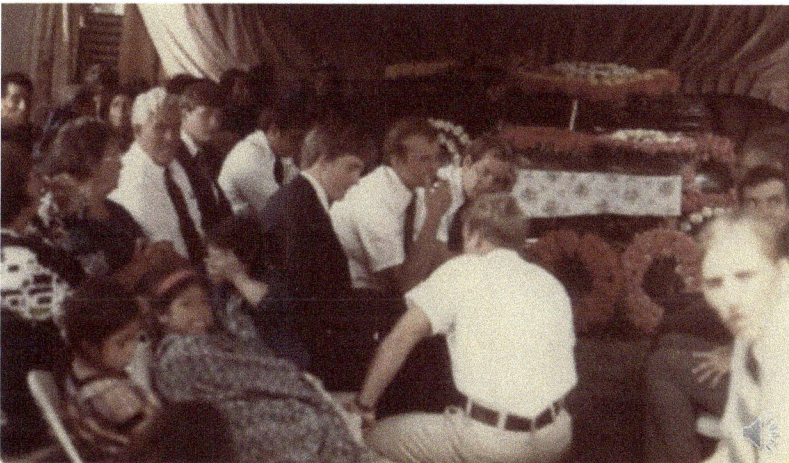

Misioneros y miembros en los servicios funerarios del élder Choc.

El presidente de misión, Robert B. Arnold, y Pablo Choc en los servicios funerarios. En su discurso, el presidente de misión dijo: "He tenido el privilegio de entrevistar al élder Choc y conocer los detalles íntimos de su vida. Les aseguro que el élder Choc dejó este mundo completamente dedicado y completamente puro."
"...Solo espero estar tan bien cuando muera como lo estuvo el élder Choc."

I beheld that the faithful elders of this dispensation, when they depart from mortal life, continue their labors in the preaching of the gospel of repentance and redemption, through the sacrifice of the Only Begotten Son of God, among those who are in darkness and under the bondage of sin in the great world of the spirits of the dead.

D&C 138:57

El élder Choc merecía dos honores. Fue el primer misionero cakchiquel del mundo y luego se convirtió en el primer misionero cakchiquel en el mundo de los espíritus. En el libro de Doctrina y Convenios 138:57, leemos sobre la visión que recibió el Presidente Joseph F. Smith sobre el mundo de los espíritus: "Vi que los fieles élderes de esta dispensación, cuando salen de la vida terrenal, continúan sus obras en la predicación del evangelio de arrepentimiento y redención, mediante el sacrificio del Unigénito Hijo de Dios, entre aquellos que están en tinieblas y bajo la servidumbre del pecado en el gran mundo de los espíritus de los muertos."

El ataúd del élder Choc fue colocado en una tumba que se construyó sobre la tumba de su madre, dos hermanos y los otros 15 miembros de la rama que enterramos dos meses antes.

En el frente de su tumba hay una lápida de mármol con la siguiente inscripción: "cuando os halláis al servicio de vuestros semejantes, solo estáis en el servicio de vuestro Dios." Mosíah 2:17. Daniel Choc (Xicay). Nació 11 de diciembre de 1953. Falleció 29 de marzo de 1976. El primer misionero cakchiquel de La Iglesia de Jesucristo de los Santos de los Últimos Días quien falleció sirviendo a su pueblo."

Te amo, élder Choc. Espero con ansias el día en que cruce el velo y me reúna contigo con los brazos abiertos, y pueda agradecerte como nunca en esta vida tu amistad y el ejemplo que me diste.

Daniel Choc

The First Cakchiquel Missionary
of The Church of Jesus Christ
of Latter-day Saints

See LarryRichman.org/choc

"Vi que los fieles élderes de esta dispensación, cuando salen de la vida terrenal, continúan sus obras en la predicación del evangelio de arrepentimiento y redención, mediante el sacrificio del Unigénito Hijo de Dios, entre aquellos que están en tinieblas y bajo la servidumbre del pecado en el gran mundo de los espíritus de los muertos." (Doctrina y Convenios 138:57)

www.ingramcontent.com/pod-product-compliance
Lightning Source LLC
Chambersburg PA
CBHW052356090426
42739CB00011B/2393